KB274957

2급 스포츠지도사
한국체육사

2급 스포츠지도사
한국체육사

ⓒ 김도영 · 정정균, 2025

초판 1쇄 발행 2025년 12월 11일

지은이   김도영 · 정정균
펴낸이   이기봉
편집   좋은땅 편집팀
펴낸곳   도서출판 좋은땅
주소   서울특별시 마포구 양화로12길 26 지월드빌딩 (서교동 395-7)
전화   02)374-8616~7
팩스   02)374-8614
이메일   gworldbook@naver.com
홈페이지 www.g-world.co.kr

ISBN   979-11-388-5029-2 (13690)

2급 스포츠지도사
한국체육사

김도영 · 정정균 편저

좋은땅

머리말

본 교재는 2급 전문 / 2급 생활 / 2급 장애인 / 유소년 / 노인 스포츠 지도사 시험에서 한국체육사 과목을 준비하는 대학생·직장인 등 한국체육사 과목 수험생을 위한 교재입니다.

본 교재에서는 한국체육사 최신 출제 경향을 분석하여 **10개의 테마로 구성**하였습니다. 각 테마는 기출문제를 중심으로 한 핵심 이론과 2015년부터 2025년까지 **핵심 기출 지문과 변형된 지문**을 각 해당 테마에 반영하였습니다.

나아가 2025년부터 2019년까지 기출문제와 상세한 해설을 제공하여 본 교재로 한국체육사를 효과적 학습을 할 수 있도록 하였습니다.
본 교재를 통해 한국체육사 과목에 완벽하게 대비할 수 있기를 바랍니다.

2025년 11월
편저자 일동

목차

체육사 개요

테마01에서는 기출 지문을 이해할 정도면 충분합니다.
특히, 사관과 사료에 관한 내용이 자주 출제됩니다.

1. 체육사의 정의

체육사란 고대부터 현재까지 체육과 스포츠가 어떻게 변화해 왔는지, 그리고 시대적·사회적 배경과 함께 체육활동의 방법과 인식을 역사적 관점에서 연구하는 학문이다. 체육사를 통해 과거의 체육활동과 문화를 이해함으로써 현재의 체육 현상을 올바르게 인식하고, 미래 체육의 발전 방향을 모색하기 위함이다.

[핵심기출지문 및 기출변형지문]

☐ 체육사는 체육과 스포츠를 역사적 방법으로 연구하는 학문이다.

☐ 체육과 스포츠의 시대별 양상을 연구한다.

☐ 체육사는 체육과 관련한 시대적·사회적 배경과 각 시대의 체육활동에 대해 연구한다.

☐ 신체를 통한 운동, 수련, 교육 및 문화 등의 유기적 관련성을 연구하는 학문이다.

☐ 체육과 스포츠의 과거를 살펴보고, 이를 통해 현재를 직시하고 미래를 조망한다.

☐ 체육사의 연구를 통해 체육과 관련한 미래를 통찰하고 올바른 역사적·실천적 태도를 형성한다.

1) 체육사의 연구대상

체육사의 연구대상은 크게 시간, 인간, 공간, 그리고 다양한 신체활동과 관련된 문화적, 교육적 측면으로 나눌 수 있다. 좀 더 구체적으로는 특정 시대나 지역의 체육 및 스포츠의 역사적 내용, 그리고 그 배경이 되는 사회 문화적 요인들이 연구의 대상이다.

2) 체육사의 연구영역

체육사의 연구영역은 스포츠 인물, 스포츠 단체, 스포츠 종목, 스포츠 사상, 스포츠 정치, 스포츠 문화, 전통 스포츠, 연구방법론 등이 있다. 나아가 체육사의 세부 연구 영역으로는 통사적·세계사적 연구영역, 시대적·지역적 연구영역, 개별적·특수적 연구영역이 있다.

[핵심기출지문 및 기출변형지문]

□ 체육사의 연구대상으로 시간, 인간, 공간 등이 고려된다.
□ 체육사의 연구영역으로 통사적·세계사적 연구영역이 있다.
□ 체육사의 연구영역으로 시대적·지역적 연구영역이 있다.
□ 체육사의 연구영역으로 개별적·특수적 연구영역이 있다.

3) 체육사의 연구내용

체육사의 연구 내용은 과거의 운동, 놀이, 무예, 스포츠 등 인간의 신체활동과 관련된 다양한 현상들을 시간, 공간, 그리고 인간이라는 관점에서 연구하는 것이다. 이를 통해 현재의 체육 현상을 이해하고 미래의 체육 발전에 기여하고자 한다.

[핵심기출지문 및 기출변형지문]

□ 체육사의 연구내용은 스포츠문화사, 스포츠 종목사, 전통 스포츠사, 체육사상사 등을 포함한다.
□ 스포츠를 통해 시대별로 파생된 여러 문화 현상을 다룬다.
□ 스포츠의 기원 또는 발달과정을 다룬다.
□ 스포츠 종목의 발생 원인 및 조건을 다룬다.

4) 체육사 연구에서 사관과 사료

(1) 사관

사관이란 역사를 바라보는 관점이나 해석하는 태도를 의미한다. 즉 역사적 사실을 어떤 기준과 가치관에 따라 해석하고 서술하는 태도를 말한다. 따라서 같은 사건·사실이라 하더라도 역사가의 사관에 따라 다양한 의미를 가질 수 있다.

(2) 사료

과거 체육과 관련된 사실을 담고 있는 역사 자료는 사료를 말한다.

즉 유물, 유적, 기록 등이 사료이다.

사료의 전통적 분류 방식은 물적사료와 기록사료로 분류된다.

물적사료	유물·유적·유골
기록사료	고문서·석판·민요·시가

기록사료는 다시 문헌사료와 구전사료로 분류된다.

문헌사료	석판·고문서·문서·회고록
구전사료	민요·전설·시가·회고담

[핵심기출지문 및 기출변형지문]

☐ 체육사 사관은 체육 역사에 대한 견해, 해석, 관념, 사상 등을 의미한다.

☐ 체육사 사관은 체육과 스포츠의 역사에 관한 견해, 관념 등을 의미한다.

☐ 체육사 사관은 체육 역사가의 관점으로 다양한 과거의 역사적 사실을 해석한다.

☐ 체육사 사관은 유물사관, 관념사관, 진보사관, 순환사관 등이 있다.

☐ 진보사관, 순환사관 등에 따라 체육사적 해석이 다른 경우도 있다.

☐ 체육사 사관은 체육과 스포츠의 역사 서술과 역사가의 견해 형성에 바탕이 되기도 한다.

☐ 체육사 연구에서 사관이 의미를 가지는 이유는 역사가의 가치관에 따라 체육의 역사를 해석하기 때문이다.

☐ 체육사 사료란 과거 체육과 관련된 사실을 담고 있는 역사 자료를 의미한다.

☐ 체육사 사료란 체육과 스포츠의 역사적 사실이나 사건 등을 기록한 것이다.

☐ 사료의 전통적인 분류방식에 따르면 물적사료와 기록사료로 구분된다.

☐ 물적사료는 물질적인 유산인 유물과 유적이 있다.

☐ 기록사료는 문헌사료와 구전사료가 있다.

☐ 과거의 기억에 대한 증언 등은 구술사료이다.

☐ 각종 트로피, 우승기, 메달, 경기 복장 등은 물적사료이다.

☐ 공문서, 사문서, 출판물 등은 문헌사료이다.

5) 한국체육사의 시대구분

체육사 연구에서 시대를 구분하는 이유는 체육활동의 변화와 발달 과정을 종합적·체계적으로 이해하고 분석하기 위해서이다.

그리고 역사가의 관점에 따라 한국체육사의 시대구분은 다양하게 나타나는데 아래에서는 [설명1]과 [설명2]로 나누어 시대구분 방법을 살펴본다.

[설명1] 한국체육사 시대구분 방법 1

한국체육사를 시대적으로 크게 양분한다면 갑오경장(갑오개혁, 1894)을 기점으로 전통체육과 근대체육으로 구분한다.

전통체육은 원시부족사회부터 삼국시대, 고려시대 등을 거쳐 1894년 갑오경장(갑오개혁) 이전의 조선시대까지이다. 이 당시 체육은 수렵, 민속놀이 등 신체활동이 생계 및 주술적 목적과 결합 되었으며, 또한 무사·무예를 중심으로 한 무사·무예 체육시대라 할 수 있다.

근대체육은 외국과의 교류가 증가하면서 서구의 체육이 도입되기 시작하였으며 갑오경장(갑오개혁) 이후는 교육입국조서를 통한 학교교육에 기반을 둔 근대체육을 강조하였다. 일제강점기를 거쳐 광복 이후에는 한국의 체육은 스포츠의 제도화, 전문화, 국제화를 통해 발전하였다.

[설명2] 한국체육사 시대구분 방법 2

한국체육사는 고대체육, 중세체육, 전통체육, 근대체육으로 4분법으로 구분할 수 있다. 그리고 역사가의 견해에 따라 고대체육은 다시 원시부족국가 및 삼국시대로 구분할 수 있다.

따라서 고대체육(원시부족국가 / 삼국시대), 중세체육, 전통체육 그리고 갑오경장 이후 근대체육으로 구분하기도 한다.

나아가 근대체육을 1945년 광복을 전후로 근대체육과 현대체육으로 구분하면 고대체육(원시부족국가 / 삼국시대), 중세체육, 전통체육 그리고 갑오경장 이후 근대체육, 1945년 광복 이후 현대체육으로 구분하기도 한다.

[핵심기출지문 및 기출변형지문]

□ 한국체육사에서 갑오경장(1894) 이전은 무예를 중심으로 한 무사체육 등의 전통체육을 강조하였다.

□ 한국체육사에서 갑오경장(1894) 이후는 교육입국조서를 통한 학교교육에 기반을 둔 근대체육을 강조하였다.

□ 한국체육사는 고대체육, 중세체육, 전통체육, 근대체육 4분법으로 구분할 수 있다.

□ 한국체육사는 고대체육은 부족국가 및 삼국시대로 구분할 수 있다.

선사 및
부족국가시대의 체육

테마02에서는 부여, 고구려, 동예, 삼한, 신라의 제천행사를
정확하게 숙지하고 있어야 합니다.

선사시대 신체활동은 주로 생존을 위한 사냥과 채집활동이었다. 부족 국가 시대에는 제천행사와 같은 공동체 의식 활동이 중요한 신체활동이었다.

부족사회에서는 성년의식으로 부족의 신화를 계승하고 춤을 익혔으며, 부족의 운명공동체 일원으로서 식량 확보를 위한 수렵과 채집을 하는 신체활동을 하였다.

[핵심기출지문 및 기출변형지문]

□ 식량 확보를 위한 수렵과 채집활동을 하였다.

□ 부족의 신화를 계승하는 춤을 익혔다.

□ 삼국지의 위지동이전에서 성년의식을 치른 사람을 큰사람으로 부른 기록이 있다.

부족 국가 시대의 신체활동은 주로 생존을 위한 사냥, 채집, 그리고 전쟁 준비를 위한 무예 훈련(궁술과 기마술)과 같은 실용적인 목적을 지녔다. 당시의 다양한 민속놀이는 부족의 문화를 공유하고 신체활동을 즐기는 수단이었고 제천의식과 같은 종교적 의례에서도 다양한 신체활동이 이루어졌다.

부족국가	제천행사	부족국가	제천행사
부여	영고(12월)	삼한 (마한, 변한, 진한)	수릿날(5월) 시월제(10월) 또는 계절제
고구려	동맹(10월)		
동예	무천(10월)	신라	가배(8월)

[핵심기출지문 및 기출변형지문]

☐ 부족국가시대 신체활동으로 제천행사와 민속놀이가 있었다.

☐ 부족국가시대 신체활동은 생존과 연관된 사냥 활동이 있었다.

☐ 부족국가시대와 삼국시대의 제천의식으로는 부여의 영고, 동예의 무천, 고구려의 동맹, 신라의 가배가 있었다.

삼국시대의 체육

테마03에서는 신라의 화랑도, 삼국의 교육기관, 삼국시대의 무예와

민속놀이에 대한 정확한 숙지가 필요합니다

국가	교육기관과 제도
고구려	태학(국립대학), 경당(지방사립학교)
백제	박사제도(5경박사, 의박사)
신라	화랑도
통일신라	국학

[설명1] 고구려 궁술

삼국시대 활쏘기는 무예이자 전투 기술이었으며 왕이나 귀족들은 뛰어난 활쏘기 실력을 갖추고 있어야 했으며 고구려의 교육기관인 경당에서는 유교 경전을 읽고 활쏘기를 연습했다.

중국의 구당서 고구려전에는 다음과 같은 기록이 전한다. 습속은 서적을 매우 좋아하여, 문지기·말먹이 따위의 집에 이르기까지 거리마다 큰 집을 지어 경당이라 부른다. 자제들이 결혼할 때까지 밤낮으로 이곳에서 독서와 활쏘기를 익히게 한다.

[설명2] 신라 궁술

삼국은 모두 궁술을 중요시하여, 궁술로 인재를 선발하였다. 신라는 삼국을 통일한 뒤의 100여 년까지도 궁술로 인재를 선발하였다는 기록이 있다.

[핵심기출지문 및 기출변형지문]

- □ 삼국시대 교육단체 및 기관으로 고구려는 태학과 경당, 백제는 박사제도, 신라는 화랑도 그리고 통일신라에는 국학이 있었다.
- □ 고구려의 경당은 서민을 대상으로 경서와 활쏘기를 익히는 교육목적을 수행하였다.
- □ 고구려의 대표적 무예는 기마술과 궁술이다. 평민층 교육기관의 경당의 주된 교육내용은 경서 암송과 궁술이다.
- □ 삼국시대에는 무사훈련을 위해 기마술과 활쏘기를 매우 중요시하였다.
- □ 고구려의 경당에서는 활쏘기를 교육하였으며, 백제 또한 활쏘기를 임금이나 백성이 갖추어야 할 중요한 자질의 하나로 취급하였다.
- □ 고구려는 경당에서 활쏘기 교육이 이루어졌다.
- □ 고구려에 관한 사료인 구당서에 따르면 "풍속에 독서를 즐긴다. 천민의 집까지 이르는 거리에 큰 집을 지어 경당이라고 한다. 여기서 미혼의 자제들이 밤새워 책을 읽으며 궁술을 익힌다"라고 하였다.
- □ 신라는 궁전법을 통해 인재를 등용하였다.

[설명1] 화랑도

화랑도란 신라에 있었던 화랑과 그를 따르는 낭도로 구성된 청소년 집단을 말한다.

화랑도라는 용어는 현대에 일반화된 용어이고 당시에는 풍월도, 풍류도, 국선도, 원화도라고 불리었다.

이러한 화랑도는 한국의 전통사상과 세속오계를 근간으로 두고 단체생활을 통해 심신을 연마하였는데 특히, 세속오계는 화랑도 도의교육의 핵심이었다.

화랑도의 사상은 조화로운 인간상을 지향하는 심신일원론 사상, 신체미 숭배사상, 국가주의 사상, 불국토 사상이 중시되었다. 즉, 화랑도는 전통사상, 유교, 불교, 도교의 종교적 이념을 함축하였다.

화랑은 편력, 입산수행, 주행천하 등의 신체활동을 하였다.
신라 화랑들은 명산대천을 두루 돌아다니며 야외활동 과정에서 시와 음악을 비롯한 각종 신체활동을 하였는데 이를 편력이라고 한다.

신라 진흥왕은 국가발전을 위한 인재를 양성하기 위하여 종래의 화랑도를 국가적인 조직으로 체계화하였다.

[설명2] 세속오계

세속오계는 신라 진평왕 때 원광법사가 청년에게 가르친 다섯 가지 계율로, 충성, 효도, 신의, 용기, 살생의 다섯 가지 덕목을 말한다. 이러한 세속오계는 도의교육의 핵심이었다.

사군이충(事君以忠) : 충성으로써 임금을 섬기어야 한다.
사친이효(事親以孝) : 효로써 부모를 섬기어야 한다.
교우이신(交友以信) : 믿음으로써 벗을 사귀어야 한다.
임전무퇴(臨戰無退) : 싸움에 나가서 물러남이 없어야 한다.
살생유택(殺生有擇) : 살아있는 것을 죽일 때에는 가림이 있어야 한다.

□ 신라 화랑도는 풍류도, 국선도, 원화도라고도 하였다.

□ 신라 화랑은 단체생활을 통해 심신을 연마하였다.

□ 입산수행은 화랑도 교육활동의 하나였다.

□ 신라 화랑은 편력, 입산수행, 주행천하 등의 활동을 했다.

□ 신라 화랑들은 명산대천을 두루 돌아다니며 야외활동 과정에서 시와 음악을 비롯한 각종 신체활동을 하였는데 이를 편력이라고 한다.

□ 신라 화랑은 무예활동을 통해 덕(德)을 함양하고자 하였다.

□ 신라 화랑도는 원광법사의 세속오계를 기본 정신으로 하고 있다.

□ 신라 화랑도는 전통사상과 세속오계를 근간으로 두었다.

□ 신라 화랑은 세속오계와 편력이라는 야외활동을 수행하였다.

□ 신라 화랑도의 세속오계에 해당하는 것은 사군이충이다.

□ 신라 화랑의 임전무퇴는 개인적인 용맹함을 넘어 국가와 공동체의 안위를 위한 것으로 국가우선주의, 희생정신을 위한 계율이었다.

□ 신라의 화랑도는 무사정신과 임전무퇴의 군사주의 체육사상을 내포하였다.

□ 신라 화랑은 효(孝)와 신(信) 등의 윤리를 강조하였다.

□ 신라 화랑은 국토에 대한 신성함과 존엄성을 교육받았다. 이를 불국토 사상이라고 한다.

□ 신라 화랑은 심신일원론적 사상에 기반한 전인교육을 지향하였다.

□ 신라 화랑의 신체관은 심신일체론에 바탕을 두었다.

□ 신라 화랑은 신체의 미와 탁월성을 중시하였다.

□ 신라 화랑의 불국토사상은 편력활동과 연계되었다.

□ 진흥왕 때에 종래 화랑도 제도를 개편하여 체계화하였다.

① 각저(씨름)는 두 사람이 맨손으로, 허리의 띠를 맞잡고 힘과 기를 겨루어 넘어뜨리는 경기이다. 오늘날 씨름으로 현재 국가무형문화재 제131호로 지정되어 있다. 씨름은 각저·각력·각희·상희·상박으로 불렸다가 조선시대에 실홈에서 실홈을 거쳐 오늘날 씨름으로 변하였다.

② 격구는 막대기로 공을 쳐서 상대편의 문에 넣는 놀이이다. 말을 타고 숟가락처럼 생긴 막대기로 공을 쳐서 상대방의 문에 넣는 놀이이다.

③ 널뛰기는 널뛰기, 판무, 축판희, 도판희라고 하였다.

④ 마상재는 달리는 말 위에서 여러 가지 기예를 부리던 마상무예로 흔히 말놀음·곡마·말광대라고 불렸다.

⑤ 방응은 매를 길들여 사냥하는 놀이이자 일종의 수렵활동이었다. 이는 고구려 삼실총 벽화에 매사냥이 묘사되어 있다.

⑥ 석전은 동편과 서편으로 나누어 돌팔매질 방법으로 승부를 겨루는 놀이이다. 변전, 편전, 편쌈이라고도 하였다.

⑦ 수박은 주로 손을 써서 상대를 공격하거나 수련을 하는 한국 전통의 맨손무예로 수벽치기·수벽타라고도 한다. 고구려 고분인 무용총 벽화에 수박도가 묘사되어 있다.

⑧ 위기에서 기는 바둑 기(棋)라는 한자로, 위기는 바둑을 말한다.

⑨ 저포(윷놀이)는 나무로 만든 막대기(주사위)를 던져서 승부를 겨루는 놀이이다. 윷놀이는 저포, 사희, 척사, 척사희 등으로 불리었다. 이러한 윷놀이는 제천의식과 관련된 놀이이며 보통 정월 초하루부터 대보름까지 즐겼다. 역사학자 신채호는 윷놀이는 부여에서 시작된 놀이로 부여의 지배체제인 사출도에서 그 유래를 찾았다.

⑩ 추천은 그네뛰기이다. 그 기원은 확실하지 않으나 그네에 관한 기록은 고려시대에서부터 나타난다. 고려 현종 때 중국 사신이 고려에서는 단오에 추천놀이를 한다고 기록했다.

⑪ 축국은 가죽 주머니로 공을 만들어 쌀겨나 털 또는 공기를 넣어 발로 차던 민속놀이이다. 삼국사기와 삼국유사

등 기록에 따르면 '김유신이 춘추공(김춘추)과 축국을 하다가 춘추의 옷끈을 밟아 떨어뜨렸다.'라는 기록으로 볼 때, 삼국시대부터 행해졌음을 알 수 있다.

⑫ 투호는 화살 같은 막대기를 일정한 거리에서 항아리나 병 안에 넣는 놀이이다.

⑬ 풍연(연날리기)은 정월 대보름을 전후하여 즐겨 행해졌다. 연날리기는 단순한 놀이를 넘어, 액운을 막고 복을 기원하는 의미를 지닌 민속놀이였다.

연날리기는 삼국시대 이전부터 존재했을 것으로 추정되며, 군사적 목적으로 사용되기도 했다. 신라 김유신이 연을 이용하여 비담과 염종의 반란을 진압했다는 기록이 삼국사기에 남아 있다.

[핵심기출지문 및 기출변형지문]

- 삼국시대에 행해졌던 무예로 방응, 수박, 마상재가 있다.
- 삼국시대 여성놀이의 하나로 축판희, 도판희 등으로 불리어진 놀이는 널뛰기이다.
- 석전은 동편과 서편으로 나누어 돌팔매질 방법으로 승부를 겨루는 놀이이다.
- 석전은 돌팔매질을 하여 승부를 겨루는 놀이이다.
- 석전은 변전, 편전, 편쌈이라고도 하였다.
- 방응은 매를 길들여 사냥하는 놀이이다.
- 방응은 사나운 매를 길러 꿩이나 새를 사냥하는 일종의 수렵활동이다.
- 각저는 두 사람이 맞잡고 힘을 겨루는 놀이이다.
- 각저는 두 사람이 맨손으로, 허리의 띠를 맞잡고 힘과 기를 겨루어 넘어뜨리는 경기이다.
- 격구는 막대기로 공을 쳐서 상대편의 문에 넣는 놀이이다.
- 격구는 말을 타고 숟가락처럼 생긴 막대기로 공을 쳐서 상대방의 문에 넣는 놀이이다.
- 윷놀이는 저포라는 용어로 지칭된다.
- 윷놀이는 사희라고도 불리었다.
- 윷놀이는 제천의식과 관련된 대표적 민속놀이이다.
- 윷놀이는 다섯 개(현재 4개)의 나무막대기를 이용하여 승부를 겨루는 놀이이다.
- 윷놀이는 나무 막대로 만든 주사위를 던져서 승부를 겨루는 놀이이다.
- 윷놀이는 부여의 사출도라는 관직명에서 유래되었다.
- 축국은 가죽 주머니로 공을 만들어 발로 차던 공차기 놀이이다.
- 삼국사기와 삼국유사에 따르면 김유신과 김춘추가 축국을 하였다.
- 투호는 화살 같은 막대기를 일정한 거리에서 항아리나 병 안에 넣는 놀이이다.

고려시대의 체육

테마04에서는 무예교육기관인 강예재와
고려시대의 귀족과 서민의 체육활동을 구분해서 이해해야 합니다.

[설명1] 고려 육예(六藝)

고려시대의 육예(六藝)는 예(禮), 악(樂), 사(射), 어(御), 서(書), 수(數)를 의미한다. 이러한 육예는 각각 예절, 음악, 궁술, 마술(馬術), 서예, 수학에 해당한다. 고려시대에는 이러한 육예를 갖추는 것이 귀족 자제들의 교육의 중요한 부분이었다.

[설명2] 국자감·강예재

고려 성종은 오늘날 국립대학 격인 국자감을 설치하였는데 당시 국자감에는 유학부만 존재하였다. 이후 고려 예종은 국자감에 전문강좌인 7재를 개설하였는데 예종이 개설한 7재는 여택재, 대빙재 등 유학 경전을 가르친 6재와 무학을 가르친 강예재(무학재)가 있었다.

[설명3] 향학(향교)

고려시대 지방교육기관을 향학이 있었다. 향학에서는 궁사와 음악 교육 등이 이루어졌다. 향학은 이후 항교로 불리었으며 항교는 고려와 조선시대까지 존재하였다.

[핵심기출지문 및 기출변형지문]

□ 고려시대 최고의 교육기관은 국자감이며 무학 교육은 강예재에서 이루어졌다.

□ 고려시대 무학 전문 강좌인 강예재를 개선한 교육기관은 국자감이다.

□ 고려시대 최고의 교육기관인 국자감에는 7재를 두었는데. 그중에서 무학을 공부하는 강예재가 있었다.

□ 강예재를 통해 고려의 관학에서는 무예교육을 중시되었음을 알 수 있다.

□ 향학은 고려시대 지방교육기관으로 궁사와 음악 교육 등이 이루어졌다.

[설명1] 궁술과 마술(馬術)

고려시대의 육예(六藝) 중 [사(射)], [어(御)]는 [궁술], [마술(馬術)]을 의미한다. 고려시대에는 이러한 육예를 갖추는 것이 귀족 자제들 교육의 중요한 부분이었기에 유학과 더불어 궁술과 마술 역시 강조되었다.

[설명2] 수박

수박은 무용총 등 고구려 무덤 벽화 그려져 있어 삼국시대에 이미 유행했으리라고 추정한다. 수박은 고려시대에도 매우 중요한 무예로 무인 선발의 기준과 수단이자 무예 수련과 군사훈련 등의 목적으로 수박이 활용되었다. 또한 기록에 의하면 고려 의종이 보현사서 무사들의 수박 경기를 구경한 기록이 있는 것으로 보아 관람형 무예 경기로 성행되었다는 것을 알 수 있다.

[설명3] 수박과 고려 무신정변

대장군 이소응이 젊은 병사와 오병수박희(五兵手搏戲)를 겨루었고 패하였다. 이에 젊은 문신인 한뢰가 수박 경기에서 패한 대장군 이소응의 뺨을 때리며 비웃자 이 광경을 보던 무신 정중부와 무신 이의방 등이 선동하여 무신정변이 일어났다.

[핵심기출지문 및 기출변형지문]

□ 궁술은 국난을 대비하여 장려되었다.

□ 궁술(弓術)은 문인과 무인의 심신 수양과 인격도야의 방법으로 중시되었다.

□ 마술(馬術)은 육예(六藝) 중 어(御)에 속하며, 군자의 중요한 덕목 중 하나였다.

□ 마술(馬術)은 무인의 덕목 중 하나로 장려되었다.

□ 마술(馬術)은 유교를 치국의 도로 살았던 고려시대에 육예의 어(御)에 속하는 것으로 군자의 중요한 덕목 중 하나였다.

□ 수박은 무관이나 무예 인재의 선발에 활용되었다.

□ 수박은 무인 선발의 기준과 수단이 되었다.

□ 수박희는 무인 인재 선발의 중요한 방법이었다.

□ 수박은 무예 수련과 군사훈련 등의 목적으로 활용되었다

□ 수박은 관람형 무예 경기로 성행되었다.

□ 수박은 고려시대 무인들에게 적극 권장되었다. 명종 때에는 승자에게 벼슬을 주었다.

□ 수박은 맨손으로 치기, 주먹지르기 등의 기술을 사용하는 일종의 격투기였다.

□ 대장군 이소응이 젊은 병사와 오병수박희(五兵手搏戲)를 겨루었고 패하였다. 그러나 젊은 문신 한뢰가 대장군 이
　소응의 뺨을 때리며 비웃었다. 이 광경을 보던 정중부와 이의방 등이 선동하여 무신정변이 일어났다.
□ 수박희는 무신반란의 주요 원인 중 하나였다.
□ 수박은 무인집권시대에 인재선발의 중요한 수단이었다.

[설명1] 격구

격구는 말 위에서 장시라는 긴 채를 이용해 공을 쳐서 상대의 구문에 넣어 승부를 겨루는 놀이로 고려 초기에는 왕과 왕족 중심으로, 중기에는 무신 중심으로 이루어졌다.

그리고 격구는 기격구와 보격구가 있는데 기격구는 무관이나 상류층 청년들이 말을 타고 공채로 공을 치던 무예이다.

보격구는 걸어 다니면서 공채로 공을 치던 무예이다. 이러한 격구는 고려·조선 시대에는 무예의 한 과목으로 인정되었으며 크게 성행하였다.

[설명2] 방응

방응은 매사냥이며 이는 고구려 삼실총 벽화에 매사냥이 묘사되어 있다.

고려시대에는 방응을 전담하는 관청인 응방도감이 있었다. 응방 제도는 몽고에서 들어온 것으로, 고려 충렬왕 때 응방도감이 설치되어 조선까지 이어졌다.

[핵심기출지문 및 기출변형지문]

□ 방응은 매를 조련하여 수렵에 활용하는 것이다.

□ 고려시대에는 방응을 응방도감에서 관장하였다.

□ 방응은 무예 훈련의 성격을 띠기도 하였다.

□ 방응은 귀족의 민속놀이였다.

□ 투호는 귀족의 민속놀이였다.

□ 격구는 군사훈련의 수단이었다.

□ 격구는 말타기 능력 향상 및 군사훈련을 위한 수단으로 활용되었다.

□ 기격구는 무관이나 상류층이 유희로 즐겼다.

□ 격구는 왕, 귀족, 무인들의 오락이나 스포츠로 발달했다.

□ 격구는 무인집권기에 사치성이 최고조에 이르는 등 폐단이 많았다.

[설명1] 석전

석전은 두 편으로 나뉘어 서로 돌팔매질을 하여 승부를 겨루던 돌던지기 놀이이다. 이러한 석전은 편전, 편쌈이라고도 하였다.

석전은 삼국시대부터 시작되어 고려와 조선 초기에는 더욱 성행하였다. 석전은 전쟁에 대비하는 전투적 놀이, 전쟁 실전 연습의 무예활동이었다. 석투군, 척석군 등 석전 전문 군대가 있었다.

석전은 볼거리를 제공하는 관람스포츠의 형태를 지니기도 했다.

[설명2] 추천

추천은 그네놀이, 그네뛰기놀이로 단오절이나 한가위에 여성들이 즐겼는데 두 줄을 붙잡고 온몸을 흔들고 발의 탄력을 이용해 온몸을 마음껏 날려 보내는 놀이이다.

[핵심기출지문 및 기출변형지문]

□ 석전은 명절에 종종 행해지던 민속놀이이다.
□ 석전은 전쟁에 대비한 군사훈련에 활용되었다.
□ 석전은 실전 부대인 석투군과 관련이 있다.
□ 각저(씨름)는 서민들의 놀이였다.
□ 축국(축구)은 서민들의 민속놀이였다.
□ 풍연(연날리기)은 서민들의 민속놀이였다.
□ 추천(그네)은 서민들의 민속놀이였다.
□ 추천(그네)은 두 줄을 붙잡고 온몸을 흔들고 발의 탄력을 이용해 온몸을 마음껏 날려 보내는 놀이이다.

조선시대의 체육

테마05에서는 훈련원, 무과 제도, 궁술, 무예도보통지, 활인심방이
자주 출제됩니다. 특히 무예서에 관한 내용은 지엽적인 부분까지
출제된 적이 있어 정확한 내용 파악이 필요합니다.

조선시대는 유교의 영향으로 인하여 글을 숭상하고 무력을 천시하는 숭문천무 사상이 만연하였다. 그러나 정조는 문식과 무략을 다 갖추고는 문무겸전·문무양도·문무쌍전 사상이 국가를 부강하게 한다고 생각하였다.

[핵심기출지문 및 기출변형지문]

□ 조선시대는 유교의 영향으로 인하여 숭문천무 사상이 만연하였다.

□ 정조는 문무겸전 사상이 국가를 부강하게 한다고 생각하였다.

[설명1] 훈련원

훈련원은 무인 양성과 관련된 공식적인 교육기관이었다. 이러한 훈련원이 하는 임무는 첫째, 무과(武科)를 주관하는 일을 하였으며, 둘째 병서들을 습독하는 걸 포함해 군사력의 유지·발전을 위해 활쏘기, 마상무예 등의 훈련을 실시하였다.

[설명2] 성균관·육일각

조선시대에는 성균관에서 대사례를 행하였다. 대사례는 왕이 주관하여 신하들과 함께 활쏘기를 하는 행사로, 예법을 익히고 심신을 수련하는 목적을 가졌었다. 성균관에 위치한 육일각에는 대사례에 사용되는 활, 화살, 과녁 등 다양한 기구들이 보관되어 있었다. 성균관에 있는 육일각은 단순한 대사례를 행사하기 위한 창고가 아닌, 유교 교육기관으로서의 성균관의 중요한 부분을 담당했었다.

[핵심기출지문 및 기출변형지문]

☐ 훈련원은 무인 양성과 관련된 공식적인 교육기관이었다.

☐ 훈련원은 무예 교육과 훈련을 담당하였다.

☐ 훈련원은 군사의 시재를 담당하였다. 즉 무과를 주관하였다.

☐ 훈련원은 무경칠서 등의 병서 습득을 장려하였다.

☐ 훈련원은 무경칠서, 병장설 등의 병서 습독을 장려하였다.

☐ 훈련원은 활쏘기, 마상무예 등의 훈련을 실시하였다.

☐ 성균관 육일각에서 대사례를 거행하였다.

무과 제도는 고려시대에도 있었으나 제대로 실시되지 못하였고, 조선시대에 이르러서 무과 제도가 본격적으로 실시되었다.

무과는 3년마다 정규적으로 실시되는 식년무과와 비정규적 무과인 증광시, 별시, 정시, 춘당대시 등이 있었다.

문과는 예비시험인 소과와 본시험인 대과로 나뉘었다. 예비시험인 소과는 다시 초시·복시의 2단계, 본시험인 대과는 다시 초시·복시·전시 3단계로 나뉘어 있어서, 모두 5단계를 차례로 거쳐야만 문과급제가 되는 것이 원칙이었다.

그러나 무과 시험은 문과 시험과 달리 소과와 대과 구분 없이 단일과로 치르었으며 초시, 복시, 전시 3단계를 거쳐 28명을 선발하였다.

무과 1단계 초시는 훈련원이 주관해서 70인을 선발하는 원시와 각 도의 병마절도사가 주관해서 선발하는 향시가 있었다. 무과 초시에서는 목전, 철전, 기사, 기창, 격구 등 무예 종목을 실시하였다.

무과 2단계 복시는 초시 합격자들을 한성에 모아서 병조와 훈련원이 주관하여 강서와 무예를 통하여 28인을 선발하였다.

무과 3단계 전시는 복시에서 선발된 무과 28인의 합격자들을 급제케 하되, 재시험해 등급을 결정하는 시험이었다. 전시 시험 과목은 기격구·보격구로 시험했으나, 후에는 11기(技) 중의 1기(技) 내지 2기(技)로 시험을 친 후 등급을 정해 갑과 3인, 을과 5인, 병과 20인 등 모두 28인을 선발하였다.

조선시대 무과는 무관의 자손을 비롯하여 향리나 일반 서민으로서 무예에 재능이 있는 자에게 응시할 수 있는 기회를 주었으나 조선 후기로 갈수록 무과 제도에 응시자격은 크게 완화되어 서자, 천인들도 면천(免賤)이라는 절차를 밟아 얼마든지 응시할 수 있었으며 또한 숙종 때는 정시에서는 1만 8251인을 뽑아 이른바 만과(萬科)라는 명칭을 낳기도 하였다.

[핵심기출지문 및 기출변형지문]

□ 조선시대 무과는 초시, 복시, 전시의 단계로 실시하였다.

□ 조선시대 무과는 소과와 대과로 구분 없는 단일과였다.

□ 조선시대 무과는 무관의 자손, 향리 등이 응시할 수 있었다.

□ 조선시대 무과는 궁술, 마술, 총술, 강서 시험으로 나뉘었다.

□ 조선시대 무과는 강서와 무예 시험으로 구성되었다.

□ 조선시대 무과 중 복시에서 강서 시험을 포함하였다.

□ 조선시대 무과 중 전시는 기격구와 보격구로 시험을 실시하였다.

□ 조선시대 무과는 증광시, 별시, 정시는 비정규적으로 실시되었다.

□ 조선시대 무과에서 복시는 훈련원과 병조가 주관하였다.

□ 조선시대 무과에서 복시와 전시는 동일한 인원을 선발하였다.

조선에서 육예(六藝)는 인재가 갖춰야 할 덕목으로 예(禮:예법)·악(樂:노래와 악기)·사(射:활쏘기)·어(御:말타기)·서(書: 글)·수(數:셈하기) 여섯 종류의 기술이다.

육예 중 어(御)는 짐승을 길들이다 다스린다는 뜻으로 말타기를 의미한다.

육예 중 사(射)는 궁술 사로 활쏘는 법을 의미한다.

이렇듯 조선은 유교 중심의 국가임에도 불구하고 임금부터 일반 백성에 이르기까지 궁술을 권장하였다. 궁술은 무과시험의 필수과목, 군사 훈련의 수단을 넘어서, 심신 수양과 인격 도야의 수단으로 인식하였다.

이에 조선은 유교적 윤리를 보급하고 군신 및 사대부의 친목도모를 위한 사례(射禮)를 열었는데 사례는 중앙의 대사례와 지방의 향사례로 나누어 실시되었다. 대사례는 왕이 주관하여 신하들과 함께 활쏘기를 하는 행사로, 예법을 익히고 심신을 수련하는 목적을 가졌었다. 성균관에 위치한 육일각에는 대사례에 사용되는 활, 화살, 과녁 등 다양한 기구들이 보관되어 있었다. 성균관에 있는 육일각은 단순한 대사례를 행사하기 위한 창고가 아닌, 유교 교육기관으로서 성균관의 중요한 부분을 담당했었다.

조선시대에는 활쏘는 사람들이 무예 수련을 위하여 활터에 세운 정자인 사정(射亭)이 있었다. 이러한 사정은 사장(射場)이라고 하여 활터를 의미하기도 하였다. 사정은 관설 사정과 민간 사정이 있었는데 민간 사정을 중심으로 편사라고 불리는 활쏘기대회가 성행하였다.

[핵심기출지문 및 기출변형지문]

□ 조선시대 궁술은 왕, 무관, 유학자 등 다양한 계층에서 실시하였다.

□ 조선시대 궁술은 군사훈련의 수단이었다.

□ 조선시대 궁술은 무과 시험의 필수과목이었다.

□ 조선시대 활쏘기는 무과시험에서 인재를 선발하는 실기과목이었다.

□ 조선시대 활쏘기는 심신수련의 수단으로 활용되었다.

□ 조선시대 궁술은 심신수련을 위한 학사 사상이 강조되었다.

□ 조선시대는 활쏘기를 통해서 문무겸전 혹은 문무겸일에 도달하고자 했다.

□ 조선시대 궁술은 대사례. 향사례 등으로 행해졌다.

□ 궁술은 육예 중 사(射)에 해당한다.

□ 조선시대에는 전국에 사정을 설치하고 습사를 장려하였다.

□ 조선시대에는 관설사정과 민간사정이 있었다.

□ 조선시대 민간사정을 오운정, 등룡정 등이 있었다.

□ 성균관 육일각에서 대사례를 거행하였다.

□ 대사례에서 사용된 궁은 예궁 또는 각궁이었다.

□ 편사는 단체전으로 경기적인 궁술대회를 의미한다.

□ 편사는 각 사정을 대표하는 궁수 5인 이상이 편을 나누어 활을 쏘는 단체경기였다.

□ 조선시대 활쏘기 대회인 편사는 5명 이상의 궁수가 참가하였다.

① 각저는 씨름을 의미한다. 씨름은 각력·각저·각희·상희·상박으로 불렸다가 조선시대에 실훔에서 실훔을 거쳐 오늘날 씨름으로 변하였다.

씨름은 주로 음력 5월 단오 무렵에 넓은 강변이나 모래사장 등에서 즐기던 대표적인 남성 놀이이자 운동 경기이다.

② 삭전은 줄다리기를 말한다. 줄다리기는 풍년을 기원하고 공동체 구성원 간의 화합과 단결을 도모하였다. 15세기에 편찬된 동국여지승람에 처음으로 줄다리기에 대한 기록이 등장하나 그 연원은 훨씬 이전부터였을 것으로 추정되고 있다. 이러한 줄다리기는 삭전, 갈전, 조리지희, 줄쌈 등으로 불리었다.

③ 석전은 단오절이나 명절에 사람들이 두 편으로 나누어 서로 돌팔매질을 하여 승부를 겨루던 돌던지기 놀이이다. 이러한 석전은 편전, 편쌈이라고도 하였다.

석전은 삼국시대부터 시작되어 고려와 조선 초기에는 더욱 성행하였다. 석전은 전쟁에 대비하는 전투적 놀이, 전쟁 실전 연습의 무예활동이었다.

석투군, 척석군 등 석전 전문 군대가 있었다. 양반 또는 대중에게 볼거리를 제공하는 관람스포츠의 형태를 지니기도 했다.

④ 장치기는 나무 막대기를 이용해서 공을 치는 놀이로, 한자로 타구·격구·격방·방희·장구라 한다. 공을 위주로 놀이를 표현하면 공치기이며, 공을 치는 채막기를 위주로 표현하면 장치기이다.

⑤ 종정도 놀이는 조선시대 양반 자제들이 하던 민속놀이로 옛 벼슬의 이름을 종이에 도표로 만들어놓고 놀던 놀이이다. 종정도는 승경도, 승정도라고도 했다. 이러한 놀이는 조선시대의 수많은 관직의 등급과 상호관계를 놀이를 통해 익히며 벼슬에 오르는 포부를 기워 주었다.

⑥ 차전놀이는 마을 사람들이 패를 갈라 나무로 만든 동채라는 물건을 서로 부딪쳐 승부를 겨루는 놀이로 동채싸움이라고도 한다.

차전놀이의 유래는 후삼국시대 후백제의 견훤군과 고려의 왕건군은 고창성 일대에서 전투를 벌였는데, 고창성의 호족들은 주민들을 이끌고 왕건군에 가담해서 고창 전투에서 승리하게 되었다. 이에 왕건은 '고창 전투 승리로 고려의 동쪽을 편안하게 했다'라고 하여 고창을 안동으로 변경하였으며 고려 건국의 기틀을 마련한 고창 전투를 기념하기 위해서 차전놀이가 행하게 되었다.

⑦ 추천은 그네놀이, 그네뛰기놀이로 단오절이나 한가위에 즐겼다.

[핵심기출지문 및 기출변형지문]

□ 조선시대 세시풍속은 농경문화를 반영하고 있어 농경의례라고도 한다.

□ 조선시대에는 정초 새해 길흉을 점치기 위한 놀이로 줄다리기를 행하였다.

□ 각저는 각력으로 불리기도 하며, 마을 간의 겨룸이 있었는데 풍년 기원의 의미도 있었다.

□ 추천은 단오절이나 한가위에 즐겼다.

□ 추천은 단오절에 많이 행해진 서민들의 민속놀이였다.

□ 씨름은 상박으로 불리며 서민들의 유희 중 하나였다.

□ 삭전은 갈전으로 불리기도 하며, 농경사회의 대표적인 민속놀이로서 농사의 풍흉을 점치는 의미도 있었다.

□ 줄다리기는 삭전, 갈전으로 불리며, 촌락공동체의 의례적 연중행사로 성행했다.

□ 석전은 군사훈련의 성격을 지니고 실시된 무예활동이었다.

□ 석전은 조선시대 왕이나 양반 또는 대중에게 볼거리를 제공하였다.

□ 석전은 승부를 결정짓는 놀이로서 신체적 탁월성을 추구하는 경쟁적 활동이었다.

□ 종정도, 승경도 놀이는 관직 체계의 이해와 출세 동기 부여의 뜻이 담겨있는 놀이였으며 이는 양반 자제들이 행하던 놀이였다.

□ 장치기는 타구, 방희 등으로 혼용되어 사용되었다.

□ 차전놀이는 동채싸움으로 불리며, 동네별로 승부를 겨루는 경기였다.

6. 조선시대의 무예서

임진왜란의 영향으로 조선은 체계적인 병사 훈련의 필요성이 제기되었고 명나라의 병서인 기효신서가 보급되었다. 조선 선조는 임진왜란 중 일본을 이기려는 목적에서 무예실기서의 편찬을 명하였다. 훈련도감 낭관인 한교가 왕명을 받아 기효신서를 비롯한 여러 무예지를 바탕으로 무예제보를 간행하였다. 이러한 무예제보는 현재 우리나라에 현존하고 있는 가장 오래된 무예서이다.

이후 선조의 명에 따라 무예제보에 수록되지 않은 무예를 수록한 권보가 간행되었다. 선조 이후 광해군 때에는 무예제보에서 누락된 대권, 언월도, 협도곤, 왜검 4가지 무예를 새로이 보완한 무예제보번역속집이 간행되었다.

영조 때 무예신보를 간행하였다. 무예신보는 사도세자의 주도하에 18기의 무예가 수록되었다.

무예도보통지는 이덕무, 박제가, 백동수 등이 정조의 명을 받고 편찬하였다.
무예도보통지는 조선시대 군용 무술 교본으로 무예에 대한 그림과 해설(도보) 종합서적(통지)을 말한다.

무예도보통지는 한국·중국·일본의 관련 문헌 145권이 참조하여 모두 24가지 무예를 4권으로 나누어 다루고 있으며, 무예만 있는 것이 아니라 무기 만드는 법, 무기의 형상 비교와 무기의 규격 등이 기록되어 있다.

[핵심기출지문 및 기출변형지문]

□ 무예제보는 선조의 명에 따라 전란 중에 긴급하게 필요했던 단병기 6기가 수록, 간행되었다.

□ 선조의 명에 따라 무예제보에 수록되지 않은 무예를 수록한 권보가 간행되었다.

□ 광해군의 명에 따라 무예제보에 수록되지 않은 4기의 무예가 무예제보번역속집에 수록, 간행되었다.

□ 무예신보는 사도세자의 주도하에 18기의 무예가 수록, 간행되었다.

□ 무예도보통지는 조선시대를 대표하는 병서이자 무예교범서였다.

□ 무예도보통지에는 24종류의 무예가 기록되어 있다.

□ 무예도보통지에는 정조의 명령하에 국가사업으로 간행되었다.

□ 무예도보통지는 정조의 명에 따라 24기의 무예가 수록, 간행되었다.

□ 무예도보통지는 정조의 명에 따라 규장각의 이덕무, 박제가와 장용영의 백동수를 통해 편찬되었다.

□ 무예도보통지는 한국, 중국, 일본의 관련 문헌 145권이 참조되었다.

□ 기효신서는 중국 명나라 병서이다.

활인심은 중국 명나라 주권이 저술한 의학서로 도교의 대표적인 건강관리서이다. 퇴계 이황은 활인심을 입수해 베껴 쓴 뒤 자신의 몸과 마음을 다스리는 건강관리법으로 활용하였으며 일부 내용에 대해 주석까지 붙여 재구성하였는데 이 책을 활인심방이라고 한다.

활인심방은 마음을 통한 건강증진법과 치료법 그리고 체조를 통한 신체의 건강 예방과 양생법으로 볼 수 있는데 그 내용을 구체적으로 살펴보면 첫째, 20여 가지의 양생지법을 담고 있다. 언제나 신체기관에 위해가 가지 않도록 과음·과식·과격한 행동을 금해야 한다는 내용이다. 둘째, 도인법으로 아침에 자리에서 일어나 행하는 8가지 실내운동과 호흡법으로 목 돌리기, 마찰, 다리의 굴신 등의 보건체조이다. 셋째, 사계양생가는 춘하추동으로 나누어 호흡하는 호흡법이다. 넷째, 활인심서는 기를 조절하고, 식욕을 줄이며, 욕망을 절제하는 방법이다.
그 외에 보양정신(몸을 보호하는 정신) 보양음식(몸을 보호하는 음식) 등의 내용을 담고 있다.

[핵심기출지문 및 기출변형지문]

□ 활인심방은 조선시대에 간행된 보건 실용서이다.

□ 이황은 활인심방을 이용하여 자신의 건강을 다스렸다.

□ 활인심방은 활인심을 근거로 하였다.

□ 활인심방은 양생지법과 도인법 등을 다루고 있다.

□ 활인심방에서 도인법은 신체 단련방법이다.

□ 활인심방에서 도인법은 목 돌리기, 마찰, 다리의 굴신 등의 보건체조이다.

□ 활인심방에서 사계양생가는 춘하추동으로 나누어 호흡하는 방식이다.

□ 활인심서는 기를 조절하고, 식욕을 줄이며, 욕망을 절제하는 방법이다.

개화기의 체육

테마06에서는 1895년 교육입국조서, 개화기 학교와 설립자,
개화기 체육단체, 개화기에 도입된 스포츠 등
다양한 부분에서 자주 출제됩니다.

1. 개화기와 체육

[설명1] 개화기

개화기는 1876년 맺은 강화도 조약 이후부터 1910년 일본에 의하여 대한제국의 국권이 피탈되는 경술국치까지 대략 34년간을 개화기로 바라보고 있다. 이 시기에는 서양 문물이 유입되어 종래의 전근대적 사회 질서 및 풍습이 타파되고 동시에 서양의 근대적 사회로 점차 변화되어 가던 혼란의 시기였다.

[설명2] 개항과 근대화

1876년 조선과 일본의 강화도 조약으로 인해 조선은 부산, 원산, 인천을 개항하면서 공식적으로 문호를 개방하게 되었다.

개화기 당시 지식인들은 근대적 체육 교육과 서구의 스포츠를 적극적으로 수용하고자 하였다. 그 이유는 강한 자는 번성하고 약한 자는 쇠멸한다는 우승열패의 개화기에 근대적 체육교육을 통하여 조선이 강한 민족이 되어 민족의 위기를 극복하고자 한 것이다. 이러한 인식에 따라 서구의 근대 스포츠가 학교를 중심으로 도입 및 보급되었으며 학교 교육에서 체육 교육을 강조하는 것으로 나타났다.

조선에 대한 일본의 침탈이 본격화되면서 민족의 위기의식은 더욱 고조되자 체육 교육에도 민족주의적 성격이 더욱더 강화되어 갔다. 이에 운동경기는 단순한 운동 경기적 성격에서 벗어나 민족적 일체감을 형성하고 애국 계몽 사상을 고취하는 성격을 가지게 되었다.

[설명1] 교육입국조서

교육입국조서(1895)는 교육에 의한 입국(立國)의 의지를 밝힌 것으로 교육을 국가 보존과 발전의 수단으로 인식하였다. 고종은 교육입국조서에서 교육의 3대 강령으로 덕육, 체육, 지육의 전인 교육을 강조하였다.

[설명2] 병식체조

1895년 고종이 공포한 교육입국조서에 의하여 모든 학교가 체조를 정식 교과목으로 채택하게 되었는데, 당시의 체조는 대부분 군인들이 지도하여 그 내용도 딱딱하고 형식적인 병식체조 중심이었다..

병식체조는 어린이에게 육체적으로나 정신적으로 유익하지 못함을 지적하면서, 어린이에게는 즐겁고 흥미있고 부드러운 체조법이 필요함을 강조하는 비판적 견해가 있었지만 1907년 조선의 군대해산 이후 무관학교 출신 교사들이 사립학교의 체육교사로 자원하면서 병식체조 역시 지속적으로 이루어졌다. 이들 체육교사들은 병식체조 교육을 독립운동의 연장선으로 여기며 사립학교의 체육교사로 부임해 와서 학생들에게 병식체조 교육과 함께 민족주의 정신을 심어 주었다.

이처럼 매우 강한 부국강병과 조국수호의 목적을 가지고 시작한 병식체조 수업은 학교체육 교육안에 속해 있는 활동이었다. 하지만 당시 시대적 부국강병과 국가 침탈의 위기의식으로 인하여 조화로운 신체발달을 추구하기보다 군사훈련의 목적이 더 강했다고 볼 수 있다.

[핵심기출지문 및 기출변형지문]

□ 교육입국조서는 1895년에 반포되었다.

□ 고종은 교육입국조서를 반포하고, 덕양, 체양, 지양을 강조하였다.

□ 교육입국조서에서 삼양이 표기된 순서는 덕양-체양-지양 순서였다.

□ 교육의 기회가 전 국민적으로 확대되는 데 기여하였다.

□ 교육입국조서 반포로 소학교 및 고등과정에 체조가 정식과목으로 채택되는 데 영향을 주었다.

□ 개화기 당시의 체조는 군사적 목적을 고려하여 규율에 반응하는 병식체조 중심이었다.

□ 개화기에는 체육의 개념 및 가치에 대한 근대적 각성이 이루어졌다.

□ 개화기에는 체육이 교육체계 속에 포함되기 시작하였다.

□ 개화기에는 근대적인 체육문화가 창출되었다.

[설명1] 원산학사

1883년 원산학사는 민간인이 설립한 한국 최초의 근대학교로 배재학당보다 2년 앞서 설립되었다.

함경남도 원산은 개항과 동시에 1880년에 일본인 거류지가 만들어지고 일본 상인의 활동이 시작되자 원산 주민들은 일본 상인의 침투에 대한 대응책을 세워야 할 것을 절감하였고 원산 주민과 부사 정현석이 협력하여 원산학사를 설립하였다.

원산학사는 문예반(50명)과 무예반(200명)으로 운영되었다.

특히, 무예반을 둔 것은 동래무예학교의 영향을 받은 것이고 또한 무예반의 비중이 문예반에 비해 컸다는 점에서 무비자강(武備自强)을 지향했다고 할 수 있다. 원산학사는 평민도 입학이 가능했으며 무예반의 교육과정으로 전통무예·병서·사격을 가르쳤다.

[설명2] 배재학당

배재학당은 1885년 미국인 선교사 아펜젤러(Appenzeller)가 설립한 한국 최초의 근대식 중등사립학교이다. 고종은 '유능한 인재를 기르는 집'이라는 의미의 교명을 하사하였다.

한국에서 근대적 체조가 시작된 것은 배재학당에서 미국인 선교사 헐버트(Hulbert)에 의해서였다. 헐버트는 1897년 배재학당에서 도수체조를 가르치기 시작했으며, 체조시간이면 철봉을 하는 법을 지도했다.

배재학당에서는 과외활동으로 야구, 축구, 농구 등의 스포츠를 실시하였다.

[설명3] 언더우드 학당(경신학당)

언더우드학당은 1886년 미국인 선교사 언더우드(Underwood)에 의하여 설립된 중등사립학교이다.

고아원 형식의 시작한 언더우드 학당은 1905년 경신학당으로 교명을 바꾸었다. 경신학당은 개화기 근대 체육의 수용기에 서구 스포츠를 도입하며 체조 과목을 정규 교육과정에 편성했다.

[설명4] 이화학당

이화학당은 1886년 미국인 여선교사 메리 스크랜턴(Scranton)이 설립한 한국 최초의 여성 교육기관이다.

이화학당은 체조를 정식과목으로 채택함으로써 근대 여성 체육의 모태가 되었다.

[설명5] 오산학교

오산학교는 도산 안창호의 강연을 듣게 된 성공한 사업가 남강 이승훈이 1907년 평안북도 정주에 설립하였다.

남강 이승훈은 나라를 바로 세우기 위해서는 민족교육과 신교육이 최우선이라는 교육구국·교육입국의 신념으로 오산학교를 세웠다. 오산학교는 육군연성학교 출신 군인을 교사로 초빙해 체조와 교련을 교육하였다.

[설명6] 대성학교

1907년은 일제의 국권 침탈이 본격화되던 시기로, 안창호 선생은 국권 회복을 위해 1908년 교육기관인 대성학교를 설립했다.

대성학교는 일반적인 체조 교육 외에도, 구 한국군 출신 교사를 초빙하여 군대식 훈련을 실시하였다. 이는 당시 애국계몽운동의 일환으로, 체력을 단련하여 민족의 자강을 도모하려는 의도가 반영된 것이다.

[설명7] 광혜원·제중원

광혜원은 1885년 4월 10일에 선교 의사 알렌(Allen)이 개원한 한국 최초의 근대 서양식 병원이다. 광혜원이 문을 연 지 약 2주 후, 고종이 직접 광혜원의 이름을 '백성을 널리 구제한다'는 뜻을 가진 제중원으로 명칭을 변경하였다. 이러한 제중원은 우리나라 최초의 서양식 병원이자 학교였으며 오늘날 연세대학교의 모태가 되었다.

[설명8] 육영공원

1886년 조선 정부가 영어교육을 위한 학교로 육영공원(育英公院)을 세웠다. 육영공원의 교사로 파견된 헐버트(Hulbert)는 조선에 다양한 서구 근대 스포츠 문화를 소개했다.

[핵심기출지문 및 기출변형지문]

☐ 원산학사는 개항 이후에 일본인의 세력에 대응하고자 설립되었다.

☐ 개화파 관리들이 중심이 되어 설립한 학교로 무사양성을 위한 무예반을 설치했다.

☐ 원산학사는 동래무예학교의 영향을 받았으며 무사양성 교육에 힘썼다.

☐ 원산학사 무예반에서는 병서와 사격 과목이 편성되어 있었다.

☐ 원산학사에서는 교육과정에 전통무예를 포함하였다.

☐ 원산학사는 문예반보다 무예반 비중이 컸다는 점에서 무비자강을 지향했다고 할 수 있다.

☐ 선교사들이 미션 스쿨을 설립하고, 서구의 체조 및 근대 스포츠를 도입하였다.

☐ 배재학당은 1885년 아펜젤러가 설립하였다.

☐ 배재학당은 아펜젤러가 설립한 학교로 각종 서구 스포츠를 도입했다.

☐ 배재학당의 헐버트(H. B. Hulbert)가 도수체조를 지도하였다.

☐ 배재학당은 과외활동으로 야구, 축구, 농구 등의 스포츠를 실시하였다.

☐ 배재학당은 아펜젤러가 설립한 학교로 서구 스포츠가 과외활동을 통해 보급되었다.

☐ 언더우드 학당에는 체조시간이 있었다.

☐ 1895년 교육입국조서가 반포되기 이전 언더우드 학당이 설립되어 체조가 정식교과목에 편성되었다.

☐ 언더우드 학당은 오늘날 경신중·고등학교의 전신으로 오락이라는 체조시간이 배정되었다.

[설명1] 대한체육구락부

대한체육구락부(1906)는 황성기독교청년회운동부(1906)보다 앞서 설립된 우리나라 최초로 조직된 근대적 체육단체이다.

현양운·한상우 등 30명이 결성하였으며, 축구·높이뛰기·씨름 등 스포츠를 보급하고 지도하였다.

[설명2] 황성기독교청년회

미국인 선교사 질레트(Gillet)가 1903년에 황성기독교청년회(YMCA)를 결성하였고 계몽운동·체육지도 등을 전개하였다.

1905년에는 미국인 선교사 질레트가 황성기독교청년회 회원들에게 야구를 지도하였으며, 1907년에는 미국인 선교사 질레트에 의해 농구도 보급되었다.

황성기독교청년회·운동부(1906)는 아서 터너(Arthur Turner)와 질레트(Gillet)를 중심으로 근대적 스포츠인 야구·농구·배구 등을 청년 및 일반인을 대상으로 보급하였으며, 황성기독교청년회·운동부가 설립된 1906년에 신흥사에서 운동회를 개최하고 1등상으로 상패를 수여하였다. 이는 우리나라 운동회에서 수여된 메달로는 최초였다.

황성기독교청년회는 1910년 한일병합 이후에도 스포츠 보급활동을 지속하였다. 특히 1916년에 황성기독교청년회는 우리나라 최초의 실내체육관을 개관하여 다양한 실내스포츠 활성화하였다.

[설명3] 대한국민체육회

대한국민체육회는 1907년 10월 노백린에 의해 결성된 체육단체이다. 체육을 발전시켜 국민교육의 올바른 방향을 제시하고자 하였다.

[설명4] 대동체육구락부

대동체육구락부(1908)는 평양에 설립된 단체로 사회진화론적 자강론에 입각하여 체육의 가치를 국가의 부강과 존폐의 근간이 되는 요인으로 인식하고 국민의 체육을 진흥시켜 나라를 회복하고자 조직한 단체였으나 구체적인 업적을 남기지는 못하였다.

[설명5] 무도기계체육부

무도기계체육부(1908)는 육군연성학교 교장 이희두와 학무국장 윤치오에 의해 조직된 단체로 무도기계체육부는 우리나라 최초의 기계체조 단체이며, 우리나라 최초의 체조단체라고 볼 수 있다. 또한 군인체육기관의 시초라 할 수 있다. 무도기계체육부는 승마, 유술, 격검(검도), 습사(궁도의 연습) 등을 행하였다.

[설명6] 회동구락부

회동구락부(1908)는 탁지부의 조선인 관료와 일본인 간에 조직된 사교단체이다. 회동구락부에서 최초로 연식정구를 도입하였으며 직장체육의 시초였다.

[설명7] 체조연구회

체조연구회(1909)는 학교체조교사들이었던 조원희·김성집·이기동 등이 중심이 되어 보성중학교에서 조직되었다. 체조연구회는 학생들의 체력단련의 효과적인 방법을 연구하고 병식체조를 학교체육에 적합하게 반영하도록 시도하였다.

그중 조원희는 체조도입기로부터 약 10여 년 동안 학교체육의 주류를 이루고 있던 병식체조가 아동의 신체발육에 이롭지 못한 점을 간파하였고 1910년에는 신편유희법이라는 신식체조서를 발간, 일반학생에게 널리 보급시켜 초기 체조의 발전에 크게 이바지하였다.

[설명8] 대한흥학회운동부

대한흥학회운동부는 1909년 일본 동경에서 설립된 재일본유학생 통합단체인 대한흥학회 안에 조직한 운동단체이다. 일본 내에서 유학생들 중심으로 운동회를 개최하고, 체육계몽운동에 주력하였다. 대한흥학회운동부는 여름방학 귀국을 이용하여 모국에 새로운 스포츠를 소개하고 지도를 했을 뿐만 아니라 평양, 개성 등을 순회하면서 체육계몽에 헌신하였다.

[설명9] 청강체육부

청강체육부(1910)는 중동학교 재학생인 최성희, 성희, 신완식 등이 조직한 단체로 매수 수요일·일요일에 축구 시합을 하였다. 이는 우리나라 최초의 교내 체육단체 활동이었다.

[핵심기출지문 및 기출변형지문]

□ 황성기독교청년회는 1903년 10월에 발족되었으며, 1906년 운동부를 개설하여 개화기에 가장 활발하게 체육활동을 전개한 체육단체 중 하나였다.

□ 황성기독교청년회의 총무였던 질레트는 야구, 농구 등의 다양한 근대 스포츠 문화를 우리나라에 소개하고 확산시키는 노력을 하였다.

□ 황성기독교청년회는 외국인 선교사가 근대 스포츠인 야구, 농구, 배구를 도입하였다.

□ 1895년 교육입국조서가 반포된 이후인 1903년에 한국 YMCA(황성기독청년회)가 설립되어 서구 스포츠가 본격적으로 도입되었다.

□ 1910년 한일병합 이후에도 스포츠 보급 활동에 기여하였다.

□ 황성기독교청년회는 1916년에 실내체육관을 준공하여, 다양한 실내스포츠를 활성화하였다.

□ 황성기독교청년회는 1916년 우리나라 최초의 체육관을 개관하여 스포츠 활동의 활기를 도모했다.

□ 질레트(Gillet)는 1903년 황성기독청년회 초대 총무를 역임하였다.

□ 질레트(Gillet)는 개화기 YMCA를 통해서 우리나라 근대 스포츠의 발달에 큰 역할을 담당했다.

□ YMCA는 야구, 농구, 배구 등 서구 스포츠를 우리나라에 소개했다.

□ YMCA의 조직망을 통해 스포츠를 전국으로 확산시키는 데 기여했다.

□ YMCA는 많은 스포츠종목의 지도자를 배출하였다.

□ 대한체육구락부는 개화기에 설립된 우리나라 최초의 체육단체이다.

□ 1895년 교육입국조서가 반포된 이후인 1906년에 우리나라 최초의 근대적인 체육단체인 대한체육구락부가 결성되었다.

□ 무도기계체육부는 우리나라 최초의 기계체조 단체로서 이회두와 윤치오가 1908년에 조직하였다.

□ 회동구락부는 탁지부 관리들이 친목도모를 위해 1902년에 조직하였고, 최초로 연식정구를 도입하였다.

□ 청강체육부는 최성희, 신완식 등이 1910년에 조직하였고, 정례적으로 축구 시합을 하였다.

[설명1] 노백린

노백린은 일본유학 후 본국에 귀국해 무관학교 교장, 육군연성학교 교장 등 군 관계의 학교 및 군부의 요직에 앉아 당시 국권상실이라는 위기를 극복하기 위해 체조교사와 군인의 양성에 힘썼다.

그러나 1907년 7월 일본에 의해 군대가 해산되자 체육을 국민교육에 빼놓을 수 없다고 지적하고 나아가 당시 병식 체조 중심의 체육을 비판하며 대한국민체육회를 설립했다. 또한 그는 부족한 체육교사를 충당하기 위해 체조강습회를 개최하여 각 학교의 교사를 대상으로 체조교사의 양성에 힘썼다.

그리고 광무학당을 설립해 학생들에게 체육사상을 고취하는 데도 앞장섰다.

[설명2] 문일평

문일평은 역사학자·언론인·교사였던 독립운동가였다. 문일평은 태극화보에 체육론을 실었고 제안을 하였다. 문일평은 체육학교를 특설하고, 체육교사를 양성, 학교 과목에 체조와 승마를 넣을 것을 주장하였으며 나아가 품행이 단정하고 신체 강건한 청년을 해외에 파견할 것을 제안하였다.

[설명3] 조원희

조원희는 일제강점기 신편체조법을 발간한 체육인이자 교육자이다. 1895년 고종이 반포한 교육입국조서에 의하여 모든 학교가 체조를 정식 교과목으로 채택하게 되었는데, 당시의 체조는 대부분 군인들이 지도하여 그 내용이 병식체조 중심이었다. 이에 조원희는 신식체조법을 발간하였다. 어린이에게는 즐겁고 부드러운 체조법이 필요함을 강조하였다. 이러한 신식체조법은 많은 학교에 의해 채택되었다. 이를 통해 학교의 병식체조를 학생들에게 적합한 학교체조로 발전시켰다. 또한 1909년에는 김성집·이기동 등과 함께 체조연구회를 조직하였다.

[설명4] 이기

이기는 애국계몽운동가이자 체육사상가로, 대한자강회를 조직하여 국권의 수호와 제도 개혁에 헌신하였다. 또한 지육, 덕육, 체육의 균형적인 교육을 강조하며, 체육이 신체를 건전하게 활동으로 평가하였다.

[설명5] 이종만

이종만은 개화기 체육의 중요성을 강조한 대표적 체육사상가로 체육이 국가에 대한 효력이란 논설에서 나라가 어려운 이유가 체육을 소홀히 한 탓이라 주장하였다. 따라서 이종만은 체육을 통해 용맹스런 국민을 육성하고 체육을 통해 국민의 내부적인 단합을 이루며 체육은 강력한 국가건설의 기초가 된다고 주장하였다.

□ 노백린은 체조 강습회를 개최하였다.

□ 노백린이 설립한 대한국민체육회는 일제강점기 이전에 설립되었다.

□ 노백린은 체육활동의 저변확대를 위해 대한국민체육회를 창립하였다.

□ 우리나라 근대체육의 선구자였던 노백린이 병식체조 중심의 체육을 비판하며 대한국민체육회를 설립하였다.

□ 노백린은 체육활동을 통한 애국심 고취를 위해 광무학당을 설립하였다.

□ 문일평은 체육학교를 설치하고, 체육교사를 양성하자고 하였다.

□ 문일평은 과목에 체조, 승마 등을 개설하자고 하였다.

□ 문일평은 체육에 관한 학술을 연구하기 위하여 청년을 해외에 파견하자고 하였다.

□ 조원희는 교육체조를 보급하였다.

6. 개화기 운동회와 스포츠

[설명1] 화류회

운동회란 사람들이 모여 체육을 중심으로 한 경기나 놀이를 하는 모임을 말한다. 우리나라 최초의 운동회는 1896년 영어학교에서 평양 삼선평으로 소풍을 가서 영국인 교사 허치슨의 지도 아래 화류회(花柳會)라는 운동회를 열었던 것이 시초이다.

이후 1897년 영어학교대운동회, 1898년 외국어학교연합운동회가 훈련원에서 열렸다. 종목은 주로 육상경기인 100·200·400보 경주, 멀리뛰기, 높이뛰기 그리고 씨름 등이었다.

근대식 육상경기가 등장한 영어 학교의 운동회는 구한말을 관통하는 일대 유행을 낳았다. 개화기 각종 학교가 만들어지면서 새롭게 등장한 유행은 바로 운동회였다. 첫 운동회가 끝나고 얼마 지나지 않은 1896년 5월31일 훈련원(지금은 철거된 동대문운동장 자리)에서 관립학교연합운동회가 열렸다. 화류회 이후 열린 운동회에서는 애국가를 부르고 대회를 주도한 인사들은 조선국기의 중요성, 자주독립 등을 강조하였다.

[설명2] 야구·농구

1905년에는 미국인 선교사 질레트(Gillet)가 황성기독교청년회 회원들에게 야구를 지도하였으며, 1907년 질레트(Gillet)에 의해 농구도 보급되었다.

[설명3] 테니스

테니스는 서양에서 직접 들어온 론 테니스(lawn tennis : 잔디 테니스)와 일본에서 변용된 뒤 도입된 연식정구의 두 계통이 병립했다.

일본 연식정구와 구별하여 론 테니스(lawn tennis)를 경식정구라고 불렀다.

테니스의 도입은 정확한 시기를 알 수 없지만 1880년대 초대 미국 공사 푸트(Foote)를 통해 연식정구가 도입되었다. 당시 우리나라에서는 연식정구라고 하지 않고 척구라고 불렀다.

테니스(lawn tennis : 경식정구)는 1919년 조선철도국에 의해 소개되었다.

[설명4] 유도

우치다는 1906년에 유도를 소개하였다.

[설명5] 검도

1896년 경무청에서 경찰훈련과 육군연무학교의 군사훈련과목에 검술과목이 채택되면서 일본식 검도가 보급되기 시작하였다.

[핵심기출지문 및 기출변형지문]

□ 우리나라 최초의 운동회는 화류회이다.

□ 영어학교나 기독교계 학교를 중심으로 운동회가 확산되었다.

□ 개화기 학교 운동회는 근대 스포츠의 도입과 확산에 기여하였다.

□ 개화기 학교 운동회는 민족의식을 고취하는 역할을 하였다.

□ 개화기 학교 운동회는 사회체육발달의 촉진제 역할을 하였다.

□ 개화기 학교 운동회는 초기에는 주로 육상 종목이 이루어졌다.

□ 초창기 운동회에서 실시된 종목은 주로 육상종목이었다.

□ 개화기 운동회는 학생대항, 마을대항과 같은 단체전 중심이었다.

□ 1895년 교육입국조서가 반포된 이후인 1896년 한국 최초의 운동회가 화류회라는 이름으로 개최되었다.

□ 질레트(Gillet)는 야구와 농구를 보급하였다.

□ 질레트(Gillet)는 우리나라에 최초로 야구와 농구를 소개하였다.

□ 푸트(Foote)는 연식정구를 보급하였다.

□ 우치다는 유도를 보급하였다.

일제강점기의 체육

테마07에서는 조선체육회와 조선체육협회 내용을 명확하게 구분해야 하며
일제의 체육 탄압과 일제강점기 소개된 스포츠 그리고 일장기 말소 사건을
정확하게 숙지해야 합니다.

[설명1] 일제강점기 구분

일제강점기는 1910년 8월 29일 경술국치로부터 1945년 8월 15일 일본의 항복으로 인한 광복까지를 말한다.

① 무단통치기 (1910년 ~ 1919년)

헌병 경찰을 앞세워 강압적인 통치가 이루어졌으며, 토지 조사 사업 등을 통해 경제적 수탈이 심화되었다.

② 기만적 문화 통치기(민족분열통치기) (1920년 ~ 1930년대 초반)

1919년 3.1 운동 이후 언론·출판·집회·결사의 자유를 부분적으로 허용하며 표면적으로는 문화 정책을 내세웠지만, 실질적인 수탈과 차별은 지속되었다.

③ 민족말살통치기 (1930년대 후반 ~ 1945년)

1931년 만주사변·1937년 중일 전쟁과 1942년 태평양 전쟁을 거치며 일본은 황국 신민화 정책, 창씨개명, 전시통제체제 등 민족 문화 말살 정책이 강화되었다. 이에 체육교육에서도 황국신민체조·군국주의 함양·무사도 정신 등 전쟁수행과 민족말살을 위한 교육이 이루어졌다.

[핵심기출지문 및 기출변형지문]

□ 민족말살통치기 체육은 황국신민체조와 함께 검도, 유도, 궁도 등을 여학생에게 실시하게 한 것은 일본의 군국주의를 드러낸 것이었다. 학교체육의 성격은 점차 교련에 가까워졌다.

□ 민족말살기 체육은 일본의 군국주의에 따라 교련적 체육이었다.

□ 민족말살기에는 황국신민체조가 학교 체육에 포함되었다.

□ 민족말살기에는 황국신민체조가 도입되었다.

□ 일제강점기 황국신민체조는 군국주의 함양을 위한 것이었다.

□ 일제강점기 황국신민체조는 식민지 통치체제의 일환으로 실시되었다.

□ 일제강점기 황국신민체조는 무사도 정신을 고취하기 위한 것이었다.

[설명1] 일제강점기 체육

1910년 국권을 완전히 상실하면서 민족주의적 체육은 본격적으로 탄압을 받게 되고, 일제는 식민주의 체육을 확립하고자 하였다. 이 시기에 가장 활발하게 활동한 체육단체는 황성 기독교 청년회였다. 기독교 단체라는 특성에 따라 일제의 간섭이 비교적 약하였기 때문에 기독교 청년회에서의 체육활동은 체육을 통한 민족 운동에서 큰 역할을 담당할 수 있었을 뿐만 아니라 근대 운동 경기의 보급에도 크게 공헌하였다.

1919년 3·1운동 이후 단체의 설립이 어느 정도 허용되었기 때문에, 조선체육회를 비롯한 전국적 체육단체와 각종 경기 단체가 결성되었다. 관서 체육회도 민족 운동가인 조만식을 회장으로 하여 일제의 식민지 지배 정책에 저항하면서 성장하였다. 이 밖에도 기독교 청년회를 비롯한 청년 단체들이 체육단체를 결성하였고, 각 지방에서도 90여 개의 체육단체가 결성되어 체육 발전에 크게 기여하였다.

민족주의적 체육단체는 전통 경기의 보급 외에도 체육의 대중화에도 힘썼다. 체육의 대중적 보급은 대중 운동의 역량을 강화하였을 뿐만 아니라 근대 체육의 수용 계층을 확대하여 체육을 사회적으로 보편화시켰다.
체육이 활성화되자 각종 경기 종목에서 세계적인 수준에 도달하는 선수들이 나오기도 하였다.
대표적인 예가 1936년 8월 9일 베를린올림픽 마라톤 경기에서 손기정과 남승룡이 거둔 승리였다.

1937년 중일전쟁을 일으킨 일제는 전시체제를 발동하는 동시에 이른바 내선일체를 강조하여 조선 민족의 황국신민화정책을 본격화하였다. 그리하여 신사참배, 창씨개명, 그리고 조선어 사용금지, 황국신민체조 등을 추진함으로써, 조선인의 민족성을 말살하려고 하였다.
1937년 중일전쟁 이후 조선의 체육은 정상적인 체육 발달은 기대할 수 없었고 나아가 1943년에는 전시학도체육훈련요강을 실시하며 체육은 오로지 전쟁준비를 위한 체력증강·전투훈련만이 행해졌다.

[설명2] 덴마크의 체조·닐스 북

덴마크의 체조가 닐스 북이 YMCA 초청으로 1931년 한국에 와서 경성운동장에서 시민들을 위해 체조 강습회를 열었다. 이는 덴마크 체조를 한국에 보급하기 위한 활동이었으며, 덴마크 체조를 직접 시연하며 한국인들에게 체조의 원리와 방법을 소개하였다.

[설명3] 보건운동

일제강점기 1920~30년대 조선인의 건강 상태는 매우 열악해지자 1932년부터 민족의 건강 문제 해결을 목표로 보건·위생 분야, 체력 증진 분야, 의료 분야 등 보건운동이 시작되었다. 운동가들이 가장 먼저 주목한 것은 민중 체조였다. 그리하여 덴마크 체조와 이를 기초로 하여 개조한 보건체조를 내용으로 한 체조 강습회가 성행하고, 널리 지방에까지 확산되었다.

[설명4] 경성운동장·서울운동장·동대문운동장

경성운동장은 1925년에 건립된 근대식 운동장이다. 축구장, 야구장, 정구장, 수영장 등이 있었다. 1945년 광복 이후 서울운동장으로 명칭을 변경하였다. 서울아시안게임·서울올림픽대회의 주경기장으로 쓰일 잠실운동장이 완공되자 동대문운동장으로 명칭을 변경하였다.

[핵심기출지문 및 기출변형지문]

□ 일제강점기에는 체육, 스포츠 활동을 통해 민족의식을 고취하였다.

□ 일제강점기에는 유도, 검도 같은 무도가 빠르게 전파되었다.

□ 일제강점기에는 손기정, 엄복동 등의 국제적인 스포츠 선수들이 등장하였다.

□ 일제강점기에는 전시학도체육훈련 지침을 두어 전력 증강에 목표를 두었다.

□ 일제강점기에는 전통 민속 스포츠 활동이 일제의 탄압 속에서도 민족의식 고취와 정신적 저항 수단으로 활용되었다.

□ 일제강점기에는 씨름, 활쏘기 등은 단순한 놀이를 넘어 민족의 정체성을 지키는 중요한 활동으로 여겨졌기에 일제는 이를 탄압하고자 하였다.

□ 일제강점기에 경성운동장이 설립되어 각종 스포츠 대회가 개최되었다.

□ 덴마크의 닐스 북이 체조강습회를 개최했다.

□ 경성운동장은 1925년에 건립되었고, 1984년에 동대문운동장으로 개칭되었다.

[설명1] 조선체육회

일본인 중심의 조선체육협회(1919)가 만들어지자 이에 대응하여 1920년에 조선체육회가 창립되었다.

1920년에 설립된 조선체육회는 고려구락부를 모체로 하였으며 조선인의 체육을 장려, 지도한다는 목적이었다. 조선체육회 설립에 당시에 동아일보 변봉현 기자가 조선체육기관의 필요성을 논함이라는 세 차례 논설을 통한 후원이 있었으며 설립 이후에도 동아일보는 지속적으로 조선체육회를 적극적으로 후원하였다.

1920년에 설립된 조선체육회는 설립된 1920년에 제1회 전조선야구대회를 시작으로 전조선축구대회, 전조선정구대회, 전조선육상경기 등을 주최하였다. 이러한 활동은 전국체육대회의 효시가 되었다. 또한 육상경기의 연구를 위한 육상경기위원회 조직과 육상경기규칙을 편찬하였으며 스포츠 보급의 일환으로 운동구점을 설치하고 운영하였다.

1937년 7월 중일전쟁을 일으킨 일본은 조선인 민간단체의 일본화 정책에 의거하여 1938년 7월 체육기관의 일원화에 따라 조선체육회를 일본인 중심의 조선체육협회에 통합시켰다. 1941년 12월 일본은 태평양 전쟁을 일으키고 전시체제강화에 따른 체육통제를 위하여 전국의 조선인 체육단체를 해산시키고 일본인 중심의 조선체육협회도 1942년에 조선체육진흥회로 통합시켰다. 조선 내 체육분야에서의 황국신민화를 주도하고 전시체제하의 국방체육을 강력하게 추진하기 위함이었다.

1945년 해방 이후인 그해 11월에 조선체육회는 여운형을 회장으로 재건되었다가 1948년 대한민국 정부가 수립되자 대한체육회로 명칭을 변경하고 현재까지 이르고 있다.

[조선체육회 추가설명] 전조선축구대회

전조선축구대회는 1921년부터 조선체육회가 개최했던 축구 대회이다. 1921년부터 전국 규모로 개최되었으며, 1940년에 제21회 대회를 마지막으로 폐지되었다. 전조선축구대회 초기에는 축구경기만을 대회로 치렀으나, 1934년인 제15회부터 1937년 제18회 대회까지 전조선종합경기대회(현 전국체육대회의 전신)의 일부로서 다른 운동종목과 함께 개최되었다.

1937년 일본의 조선체육회 강제 해산에 따라 전조선종합경기대회가 폐지되면서 축구경기 역시 폐지의 위기에 몰렸으나 1938년부터는 조선축구협회가 이를 존속시키고자, 전조선종합축구선수권대회라는 명칭으로 축구경기만을 따로 주최하였다. 특히, 조선축구협회는 조선체육회 주최의 전조선축구대회의 전통을 이어받는 뜻에서, 대회

횟수도 제19회로 명명하였다. 그러나 이 역시 일본의 구기종목 금지령으로 3년 만에 폐지되었다.

1925년 평양의 체육인사들이 평양기독청년회관에서 정세윤을 회장으로 하여 관서체육회를 만들었다. 관서체육회는 지방 체육단체를 넘어서 서울의 조선체육회와 함께 양대 체육단체로서 큰 기능을 하였다.

특히, 축구에 있어서 1921년부터 시작한 조선체육회 주최의 전조선축구대회와 1925년부터 시작한 관서체육회 주최의 전조선축구대회 모두 전국적인 권위와 규모를 가진 대회였다. 관서체육회는 전조선빙상·씨름·수상·탁구대회를 개최하였으며 서조선야구대회·평양농구연맹전을 개최하기도 하였다. 또한 덴마크의 보건체조를 보급시키는 동명체조단을 조직하기도 하였다.

조선체육협회는 1911년 창설된 일본체육협회를 모델로 경성정구회(1918)와 경성야구협회(1919)를 통합한 형태로 1919년에 발족했다. 즉 조선체육협회는 조선에서의 체육을 장려한다는 목적을 명시했지만 사실은 일본에 의해 주도된 조선체육계를 총괄하는 단체의 성격을 갖고 있었다. 출범 당시에는 민간단체였지만 실제로는 조선총독부에 의해 일본체육협회의 조선지부 역할을 담당했다.

조선체육협회는 1925년 경성운동장 개장 기념으로 제1회 조선신궁대회를 열었으며 올림픽대회 조선 예선전을 운영하였다.

일본은 1938년에 조선체육회를 조선체육협회에 통합시켰다.

1941년 태평양 전쟁 이후 전국의 조선인 체육단체를 해산시키고 일본인 중심의 조선체육협회도 1942년에 조선체육진흥회로 통합시켰다. 조선 내 체육분야에서의 황국신민화를 주도하고 전시체제하의 국방체육을 강력하게 추진하기 위함이었다.

[핵심기출지문 및 기출변형지문]

□ 조선체육회는 국내 운동가, 일본 유학자 출신자 등이 설립하였다.
□ 조선체육회는 조선의 체육을 지도, 장려하는 것이 목적이었다.
□ 조선체육회는 고려구락부를 모체로 설립된 단체이다.
□ 조선체육회는 일본체육단체에 대한 대응으로 1920년 조선인 중심으로 창립되었다.
□ 조선체육회는 민족주의 사상을 토대로 일본체육단체에 대응하기 위해 창립되었다.
□ 조선체육회는 운동경기에 관한 연구 활동뿐만 아니라 스포츠 보급의 일환으로 운동구점을 설치하고 운영했다.
□ 조선체육회는 1920년 동아일보사 후원으로 설립되었다.
□ 조선체육회는 1920년 7월 동아일보사의 후원으로 일본유학생과 국내체육인들이 조선인의 체육을 장려할 목적으로 설립하였다.
□ 조선체육회는 조선체육협회보다 늦게 창립되었다.

□ 조선체육회는 1920년 제1회 전조선야구대회를 개최하였다.

□ 조선체육회의 첫 사업인 제1회 전조선야구대회는 전국체육대회의 효시이다.

□ 조선체육회가 개최한 전조선야구대회는 오늘날 전국체육대회의 시작이었다.

□ 조선체육회는 전조선축구대회를 창설하였다.

□ 조선체육회는 종합체육대회 성격의 전조선종합경기대회를 개최하였다.

□ 조선체육회는 육상경기의 연구를 위한 육상경기위원회 조직과 육상경기규칙을 편찬했다.

□ 조선체육회는 스포츠 보급의 일환으로 운동구점을 설치하고 운영하였다.

□ 조선체육회는 조선체육협회에 강제로 흡수되었다.

□ 조선체육회는 현 대한체육회의 전신이다.

□ 조선체육협회는 경성정구회와 경성야구협회를 통합하여 조직한 단체이다.

□ 조선체육협회는 1925년 제1회 조선신궁대회를 개최하였다.

□ 조선체육협회는 1925년 경성운동장 개장을 기념하기 위해 조선신궁경기대회를 개최했다.

□ 조선체육협회는 조선에서 최초의 종합경기대회라고 할 수 있는 조선신궁경기대회를 개최했다.

□ 조선체육진흥회는 1940년대에 설립되었다.

□ 관서체육회는 일제강점기에 설립되었다.

□ 관서체육회는 전조선빙상대회를 개최하였다.

[설명1] 서상천

서상천은 역도를 처음으로 국내에 도입하였다. 대부분 스포츠 종목들은 서양인이나 일본인에 의해 도입이 되었는데 역도만은 한국인 서상천이 처음으로 소개한 스포츠 종목이다.

서상천은 일본 유학을 다녀온 후, 1926년부터 휘문고등학교 체육교사 재직하면서 역도부를 조직하고 지도하였으며 동시에 자신의 집을 개조하여 한국 최초의 체육연구소인 조선체력증진법연구소(이후 중앙체육연구소)를 창립하여 전국에 체력단련법과 역도 등을 보급하기 시작하였다. 또한 서상천은 현대체력증진법(1931), 현대철봉운동법(1934)을 발행하였다.

역도(力道)라는 용어를 창안하여 1936년 조선체육회의 승인을 얻어 역기 종목을 역도(力道)라는 용어로 개칭하였다.

광복 이후 1948년 하계 런던올림픽에서 역도 미들급 동메달을 획득하여 대한민국 최초의 올림픽 메달을 획득한 김성집을 지도하였다.

대한체조협회 회장, 대한씨름협회 회장을 역임하였다.

[설명2] 여운형

독립운동가인 몽양 여운형은 중국 금릉대학을 졸업 후 상해로 건너가 1929년 복단(푸단) 대학 명예교수로 임명되어 체육을 가르쳤고 또한 중국 체육회의 종신회원이 되었다.

1932년 여운형은 조선중앙일보 사장에 취임 이후 각종 체육단체의 회장과 고문, 이사장에 추대되어 각종 경기대회의 주최, 후원을 통해 체육활동을 주도하며 조선체육의 발전에 공헌을 했다. 특히 1936년 베를린올림픽 마라톤 우승자 손기정 선수를 발굴한 후원자였다. 그러나 이후 손기정의 일장기 말살 사건으로 신문이 폐간되어 모든 자리에서 물러났다.

1945년 광복 이후 조선체육회(현 대한체육회) 초대회장과, 조선올림픽위원회(대한올림픽위원회 전신) 초대 위원장을 맡은 그는 대한민국 정부 수립 이전인 47년 6월 남한의 국제올림픽위원회 가입을 주도했다. 그의 활약 덕분에 우리나라 대표단은 48년 런던올림픽에 출전할 수 있었다.

[핵심기출지문 및 기출변형지문]

☐ 서상천은 우리나라에 역도를 도입하였다.

☐ 서상천은 조선체력증진법연구회를 설립하였다.

☐ 서상천은 조선체력증진법연구회를 설립하고 전국의 역도 보급에 앞장섰다.

□ 서상천은 1926년 휘문고등학교 체육교사로 부임해 역도부를 조직하고 지도하였다.

□ 서상천은 현대체력증진법, 현대철봉운동법 등을 발간하였다.

□ 서상천은 대한체조협회 회장, 대한씨름협회 회장을 역임하며 한국 스포츠 발전에 공헌을 했다.

□ 서상천은 1923년 일본체육회 체조학교를 졸업하고, 역도를 소개하였다.

□ 역도는 개화기가 아닌 1928년에 역기라는 이름으로 우리나라에 소개되었다.

□ 여운형은 체육 조선의 건설이라는 글에서 사회를 강하게 하는 것은 구성원의 힘을 강하게 하는 것이며, 그 방법은
교육이며, 여러 교육의 기초는 체육이라고 강조하였다.

경식정구	조선철도국	1919년 조선철도국에서 소개하였다.
골프	던트	영국인 던트((H. E. Dannt)에 의해 효창원골프코스가 만들어지면서 시작되었다.
권투	박승필	유각권구락부를 설립해 권투를 지도하였다.
배구	YMCA	배구는 YMCA 체육부에 의해 소개되었다.
럭비	사카구치	1924년 조선철도국 사카구치를 통해 럭비가 소개되었다.
스키	나카무라	1921년 나카무라가 스키를 소개하였다.
역도	서상천	1926년 역도를 소개하였다.

[핵심기출지문 및 기출변형지문]

□ 경식정구는 1919년 조선철도국에서 소개하였다.

□ 스키는 1921년 나카무라가 소개하였다.

□ 역도는 1926년 서상천이 소개하였다.

□ 박승필은 1912년에 유각권구락부를 설립해 권투를 지도하였다.

□ 서상천은 1923년 일본체육회 체조학교를 졸업하고, 역도를 소개하였다.

□ 역도는 개화기가 아닌 1928년에 역기라는 이름으로 우리나라에 소개되었다.

6. 일장기 말소 사건

[설명1] 일장기 말소 사건

손기정 선수는 1936년 베를린 하계 올림픽 마라톤에서 금메달을 획득하면서 한국인 선수로는 최초로 올림픽 금메달리스트가 되었다. 이때 손기정과 함께 출전했던 남승룡이 동메달을 차지하였다.

1936년 당시는 일제강점기였기에 손기정 선수는 일본 국가대표로 뛰어야 했다. 시상식 때도 태극기가 아닌 일장기가 올라오는 것을 보고 눈물을 흘렸다.

손기정 선수는 메달 수여식에서 히틀러에게서 받은 화분으로 가슴에 새겨진 일장기를 가렸다. 3등 자리에서 서서 고개를 깊이 떨구던 남승룡 선수는 화분으로 일장기를 가릴 수 있는 손기정 선수가 부러웠다고 회고했다.

동아일보·조선중앙일보·조선일보는 손기정의 우승을 보도하였는데 동아일보와 조선중앙일보는 일장기를 지워서 보도하였다. 이 사건은 일제의 무단통치 상황에서 정치적·사회적으로 크게 문제가 되었다. 결국 동아일보는 조선총독부에 의해 1936년 8월 4차 무기 정간을 당했다. 사건에 관계된 사람은 모두 십수 명에 이르렀고, 끝까지 구속되어 있었던 사람은 사진 수정의 발의자로 알려진 체육부 기자 이길용 등이었다. 여운형 조선중앙일보 사장도 고초를 겪어야 했다.

□ 손기정은 1936년에 베를린올림픽에서 마라톤 종목에서 우승하였다.

□ 1936년 베를린올림픽대회에서 우리 민족이 일장기를 달고 출전하였다.

□ 1936년 베를린 하계올림픽대회 마라톤 대회에서 손기정 선수가 금메달을 획득했다.

□ 1936년 베를린올림픽대회에서 마라톤의 손기정이 금메달, 남승룡이 동메달을 획득하였다.

□ 1936년 제11회 베를린올림픽경기대회 마라톤에서 손기정 선수와 함께 남승룡 선수가 입상을 하였다.

□ 일장기 말소 사건은 1936년 베를린올림픽대회에서 우승한 손기정의 사진에서 일장기가 지워진 것이다.

□ 일장기 말소 사건은 체육을 통해 일제에 항거하는 민족주의적 투쟁 정신이 표출된 대표적 사례이다.

□ 일장기 말소 사건에 의하여 동아일보는 무기 정간을 당하고 일장기를 말소한 이길용 기자 등이 징역을 받았다.

□ 동아일보 이길용 기자에 의해 일장기 말소 사건이 발생하였다.

□ 일장기 말소 사건은 국권회복과 민족의식을 일깨워 주는 계기가 되었다.

광복 이후의 체육

테마08에서는 박정희 정권, 전두환 정권, 노태우 정권에서 있었던 체육사적 사실이 자주 출제됩니다. 이를 명확하게 숙지해야 합니다.

1. 광복 이후 체육

[설명1] 광복 이후 체육사상 1

광복 이후 한국 체육사상은 크게 국가주의, 엘리트주의, 건민사상, 상무주의가 있다.

① 국가주의

스포츠를 통해 애국심을 고취하고, 국가와 대표팀의 업적을 동일시하는 경향이 강했다. 국가 체육 정책은 스포츠를 통한 국위선양과 국민통합을 목표로 했으며 이 시기에는 국가적 차원에서 스포츠 발전을 위한 투자가 이루어졌다.

② 엘리트주의

스포츠를 통해 국위선양을 강조하며, 우수 선수 양성에 초점을 맞췄으며, 선수들은 국가대표로서 대회에서 좋은 성적을 거두어 국가의 위상을 높이고자 하였다. 이 시기에는 국가적 차원에서 엘리트 스포츠 발전을 위한 지원과 투자가 집중되었다.

③ 건민사상

건강하고 강인한 국민성을 중시하며, 스포츠 대중화와 생활 체육 활성화에 힘썼다.
국민들의 신체적 건강 증진과 건전한 정신 함양을 목표로 했으며, 학교체육과 생활 체육을 강조하였다.

④ 상무주의

상무주의는 체육을 통한 신체 강화로 나라를 지키자는 것이다. 분단국가인 대한민국의 현실에서 국가 주도의 상무주의가 나타났다.

[설명2] 광복 이후 체육사상 2

광복 이후 한국 체육사상은 크게 두 가지 방향으로 전개되었다.

첫째, 국민의 체력 증진을 위한 대중 체육의 발전이다. 국민들의 체력 증진을 위해 신체검사법, 학교보건법, 체력장 제도 등을 도입했으며 학생들의 체력 증진과 함께 생활체육의 활성화를 시작하였다.

둘째, 국제 스포츠 대회에서 성과를 내기 위한 엘리트 스포츠의 육성이었다.
대한체육회는 광복 후 부활하여 전국 규모의 소년체육대회를 개최하는 등 체육활동을 주도했으며, 1986년 아시안게임과 1988년 서울올림픽 유치를 통해 국제 스포츠 무대에서 한국 체육의 위상을 높이고자 했다. 또한 정부는 체육 특기자 육성에도 힘썼으며, 학교체육과 연계하여 우수 선수 발굴 및 훈련 시스템을 구축하였다.

[핵심기출지문 및 기출변형지문]

□ 광복 이후 우수 선수의 육성을 우선하는 엘리트주의가 나타났다.

□ 광복 이후 제정된 국민체육진흥법에서 국위선양은 국가주의를 나타낸다.

□ 광복 이후 건전하고 강인한 국민성의 함양을 강조하는 건민주의가 나타났다.

□ 광복 이후 국가 주도의 강한 신체 훈련을 앞세우는 상무주의가 나타났다.

□ 광복 이후 우리나라는 엘리트 스포츠 육성을 통한 스포츠 민족주의가 나타났다.

□ 광복 이후 우리나라는 체육진흥운동을 통해 강건한 국민성을 함양하는 건민체육사상이 나타났다.

□ 광복 이후 우리나라는 국민 모두의 생활체육을 강조한 대중스포츠운동이 나타났다.

2. 1945년 8월 광복 이후 1950년대 초까지 체육

[설명1] 미군정기 체육

광복 이후 38도선 이남은 미군이 1945년 9월 9일부터 1948년 8월 15일 대한민국 정부 수립 전까지 다스린 미군정기였다. 미군정기 당시 한국은 미국의 제도, 문화 등을 받아들였고 체육 역시 미국식 체육의 영향을 받았다.

광복 이후 체육인들은 체육조선의 재건을 위해 이상백을 위원장으로 한 조선체육동지회를 구성하였다. 조선체육동지회는 1938년 조선체육협회에 통합됐던 조선체육회를 1945년 11월 재건하였으며, 회장은 여운형이 맡았다. 1948년 대한민국 정부 수립 후에는 대한체육회로 명칭을 변경하고 현재에 이르고 있다.

광복 이후 1945년 9월부터 시작된 미군정이 1948년 대한민국 정부 수립과 함께 폐지되었고 이에 미군은 철수를 하기 시작하였다. 미군의 철수로 인해 국방력의 공백을 메울 예비 전력 확보가 필요하였는데 정부는 예비전력 확보를 위해 호국군을 창설하였다. 나아가 정부는 전국 중등학교 이상의 학생들을 대상으로 학도호국단(1949)을 결성하였다.

[핵심기출지문 및 기출변형지문]

□ 광복 이후 1940년대에 일제강점기에 해산되었던 조선체육회가 재건되었다.

□ 광복 이후 1940년대에 조선체육동지회의 결성은 민족 체육 재건의 계기가 되었다.

□ 광복 이후 1940년대에 체육은 미국 신체육의 영향을 받았다.

□ 광복 이후 1940년대에 학도호국단이 결성되었고, 많은 체육 교사들이 교관으로 활동하였다.

[설명1] 1961.05.~1979.10.[박정희 정권]

① 체력은 국력 슬로건 채택

　- 체력장 도입

② 국민재건체조

③ 국민체육진흥법 공포

④ 체육의 날 제정

⑤ 태릉선수촌 건립

⑥ 체육연금제도·우수선수병역면제

박정희 정권에서 체력은 국력이란 슬로건을 채택했으며, 국민재건체조를 제정하고 대한체육회의 예산을 정부가 지원하기로 결정했다.

그 외 국민체육진흥법공포(1961), 체육진흥법 시행령 공포(1963), 체육의 날 제정(1962), 매월 마지막 주의 '체육주간' 제정 등과 같은 조치가 이루어졌다.

우리나라의 체육은 1950년대까지는 민간에서 중심적인 역할을 수행하였으나 박정희 정부 때 제정된 국민체육진흥법(1962) 이후부터는 상당 부분 정부에 의해 정책적으로 주도되었다. 국민체육진흥법은 체육을 더 이상 학교와 교육의 영역만이 아닌 국민 생활의 영역으로 확대, 발전시키고자 했고, 체육진흥을 국가와 지방의 중요한 정책요소로 명문화한 계기가 되었다.

박정희 정권 때 병역의무의 특례 규제에 관한 법률(1973)이 제정되면서 국위선양과 문화 창달이라는 명분 아래 병역특례제도가 만들어졌다.

1976년 몬트리올 올림픽 레슬링 종목에서 금메달을 획득한 양정모 선수가 병역특례 1호였다. 당시 양정모 선수가 딴 금메달은 한국의 첫 하계 올림픽 참가(1948년, 런던) 이후 나온 최초의 금메달이었다.

[설명2] 체력장

1966년 전국체육대회에서 박정희 대통령은 "강인한 체력은 바로 국력이다"라는 언급을 통해 체력은 국력이라는 말이 전 국민에게 홍보되었다. 또한 보건 교육은 체육 교과에 통합되어 운영되었으며, 보건 교육의 시수는 체육 시수 증가와 함께 확대되었다.

1971년 박정희 정부는 초등학교 5학년 학생부터 고등학교 3학년 학생까지 대상으로 체력장을 시행하였고 1972년 상급학교 진학 시험에 반영되기 시작했다.

체력장 종목은 국가체력검사표준위원회에서 정한 기준과 종목을 대상으로 하였다. 초기 체력장은 윗몸일으키기, 왕복달리기, 턱걸이, 던지기 등 8종목이었으나 이후 1979년에 100m 달리기, 제자리멀리뛰기, 팔굽혀 매달리기(여자), 턱걸이(남자), 윗몸일으키기, 던지기 6개 종목으로 축소했다.

정치의 민주화가 오면서 체력장이 군사정권의 산물이기에 청산되어야 한다는 주장이 나왔으며 1990년 체력장을 치르던 고교생 3명이 사망하면서 체력장의 사회적 이슈가 대두됐다. 이후 정부는 대학입시에서는 1994학년도부터, 고교입시에서는 1995년에 체력장을 폐지하였다.

[핵심기출지문 및 기출변형지문]

□ 박정희 정권은 체육 정책운영의 법적 근거를 마련하기 위해 국민체육진흥법을 최초로 제정하였다.

□ 국민체육진흥법을 제정하여 스포츠클럽을 체계적으로 관리하였다.

□ 1966년 태릉선수촌이 건립되었다.

□ 박정희 정권 때 엘리트스포츠 양성을 위한 태릉선수촌이 설립되었다.

□ 전문체육 육성을 위한 국가대표 연금과 우수선수 병역 혜택의 제도가 도입되었다.

□ 체력장은 1971년부터 실시되었다.

□ 체력장은 체력증진이라는 교육목적으로 전국적으로 실시되었다.

□ 1973년부터는 대학입시에 체력장평가가 포함되었다.

□ 박정희 정권 때 입시전형에서 체력장제도가 도입되었다.

□ 체력장 종목은 국민체력검사표준위원회에서 기준과 종목을 선정하였다.

□ 체력장 시행종목에는 100m 달리기, 제자리멀리뛰기, 팔굽혀 매달리기(여자), 턱걸이(남자), 윗몸일으키기, 던지기
　 가 있었다.

□ 체력장은 입시과열 현상 등 부작용이 발생하였다.

□ 박정희 정권 때에 보건체육의 시수가 증가하였다.

□ 박정희 정권에서 체력은 국력이란 슬로건을 채택했으며, 국민재건체조를 제정하고 대한체육회의 예산을 정부가
　 지원하기로 결정했다. 그 외 국민체육진흥법공포(1961), 체육진흥법 시행령 공포(1963), 체육의 날 제정(1962), 매
　 월 마지막 주의 '체육주간' 제정 등과 같은 조치가 이루어졌다.

[설명1] 1980.09.~1988.02. [전두환 정권]

① 체육부 신설(1982)

② 프로야구(82), 프로축구(83), 프로씨름(83) 출범

③ 국군 체육부대 창설(1984)

④ 서울아시아경기대회 개최와 88 서울올림픽경기대회 유치 및 준비

전두환 대통령은 불법적인 12.12 군사 쿠데타로 권력을 획득하면서 정권의 정통성을 인정받지 못했다. 전두환 대통령은 국민들의 시선을 다른 쪽으로 돌리려 했고, 이때 등장한 우민화 정책이 스포츠(Sports), 성(Sex), 스크린(Screen)으로 통하는 이른바 3S 정책이었다. 이를 통해 국민들의 정치 관심을 줄이기 위함이었다. 이러한 배경에서 제5공화국 초기인 1982년 프로야구가 출범했다. [6개 구단: 삼성 라이온즈, OB 베어스, MBC 청룡, 해태 타이거즈, 롯데 자이언츠, 삼미 슈퍼스타즈]

고교야구의 인기를 프로야구로 이어가겠다던 신군부의 구상은 적중하면서 1년 뒤인 1983년 프로축구리그까지 출범하였고 이후 프로씨름도 출범하였다. 90년대 초반까지 전성기를 구가했던 프로농구(1997)의 모태가 된 농구대잔치가 처음 열린 것도 이때였다.

연이은 프로 스포츠의 출범과 동시에 신군부는 좀 더 강력한 통치 수단을 위해 1986년 서울아시안게임과 1988년 서울올림픽을 유치하고자 하였다.

1980년 국가올림픽위원회(IOC)에 1988년 올림픽 유치 의사를 공개적으로 밝힌 한국은 1981년 9월 바덴바덴에서 치러진 IOC 총회에서 일본 나고야를 밀어내고 하계올림픽 개최권을 가져왔다.

1986년 이전의 대한민국은 아시안게임과 올림픽, FIFA 월드컵 같은 국제적인 대규모적 스포츠 대회 개최라는 경험이 전무한 상태였기 때문에 1986년 서울아시안게임을 유치 및 진행을 경험하여 제24회 서울올림픽경기대회를 대비하고자 하였다.

전두환 대통령은 쿠데타 세력이자 2인자였던 노태우에게 초대 체육부 장관을 맡기며 서울올림픽 준비를 하였다.

[핵심기출지문 및 기출변형지문]

□ 전두환 정권 때 정부행정조직에서 체육부가 신설되었다.

□ 전두환 정권 때 프로야구, 프로축구, 프로씨름 등이 출범하였다.

□ 제5공화국 때 야구, 축구, 씨름의 프로리그가 시작되었다.

□ 제5공화국 때 국군 체육부대를 창설하였다.

□ 전두환 정권 때 서울아시아경기대회를 개최하였다.

□ 제5공화국 때 제10회 서울아시아경기대회를 개최하였다.

□ 1988년 제24회 서울올림픽경기대회를 대비하고자 1986년 서울아시안게임이 추진되었다.

□ 전두환 정권에서는 1982년 중앙정부행정조직에 체육부를 신설하고, 아시안게임과 올림픽경기대회의 준비, 우수선
　수육성 및 지도자의 양성 등 스포츠 진흥운동을 전개했다.

[설명1] 1988.2.~1993.2. [노태우 정권]

① 서울올림픽경기대회 개최 (1988. 10)

② 국민생활체육진흥종합 계획(호돌이 계획) 수립(1989)

③ 국민생활체육회(구. 국민생활체육협의회) 창설

④ 국민체육진흥공단 설립

⑤ 1991년 지바 세계 탁구 선수권 대회(여자단체전 우승)와 1991년 포르투갈 세계 청소년 축구 선수권 대회(8강 진출)에서 분단 이후 최초의 남북 단일팀 출전

노태우 정권은 1988년 서울올림픽경기대회를 개최하였으며 이후 국민생활체육진흥종합계획(일명 호돌이계획)을 세우고 1991년에 생활체육을 전담할 수 있는 국민생활체육협의회를 탄생시켜 국민생활체육 발전의 제도적 기반을 확고히 구축하고자 하였다.

[핵심기출지문 및 기출변형지문]

□ 노태우 정권은 1988년 서울올림픽경기대회를 성공적으로 개최하였다.

□ 노태우 정권 때 서울올림픽기념 생활관이 건립되었다.

□ 노태우 정권은 호돌이 계획을 시행하였다.

□ 노태우 정권 때 호돌이계획으로 생활체육 진흥을 도모하는 계기가 되었다.

□ 노태우 정권 때 국민생활체육진흥종합계획(호돌이계획)을 통해 국민생활체육협의회의 창설과 직장체육 프로그램의 보급이 이루어졌다.

□ 노태우 정권 때 국민생활체육협의회가 설립되었다.

□ 노태우 정권은 국민생활체육회을 창설하였다.

□ 노태우 정권 때 제41회 지바 세계탁구선수권대회에 남북단일팀이 출전하였다.

올림픽과 국제 스포츠 대회

테마09에서는 해당 올림픽과 그 성과를 묻는 문제 그리고 남북단일팀 관련된 문제가 자주 출제됩니다. 특히 대한민국이 최초로 이룬 성과는 필수적으로 정리가 필요합니다.

[설명1] 1948년 1월 스위스 생모리츠 동계올림픽경기대회

스위스 생모리츠 동계올림픽은 1948년 1월에 열려 한국이 광복 후 처음 출전한 국제대회이다. 이 대회에는 전범국인 독일과 일본은 출전하지 못하였다.

생모리츠 동계올림픽경기대회는 한국이 'KOREA'라는 이름과 태극기를 내건 첫 국제대회이다. 대한민국은 스피드스케이팅 단 1개 종목에 참가하였다.

대한민국은 스피드스케이팅에 이종국·이효창·문동성 3명이 참가하였는데 대회 도중 문동성 선수가 노르웨이 선수와 부딪혀 부상을 당하자 최용진 감독이 선수로 대신 출전을 하였다.

[설명2] 1948년 7월 런던 하계올림픽경기대회

1948년 7월에 영국 런던올림픽이 제2차 세계대전의 여파로 12년 만에 개최되었다. 런던올림픽은 대한민국이 최초로 참가한 하계 올림픽대회였다.

1948년 런던올림픽경기대회 역도에서 김성집 선수가 동메달을 획득하였으며 복싱에서 한수안 선수도 동메달을 획득하였다.

박봉식은 1948년 런던올림픽경기대회 여자 원반던지기 종목에 참여하여 대한민국 올림픽 역사상 최초의 출전 여성이 되었다.

[설명3] 1952년 헬싱키 하계올림픽경기대회

헬싱키 올림픽경기대회는 1952년에 개최되었다. 당시 대한민국은 6.25전쟁 중이었으나 참가하여 동메달 2개를 획득하였다. 1948년 런던올림픽에서 역도 동메달을 획득했던 김성집이 다시 동메달을 따면서, 대한민국 최초 2연속 메달리스트가 나왔다. 1952년 헬싱키 올림픽경기대회는 6.25 전쟁 중 우리나라가 참가하면서 올림픽에 대한 한국의 열정을 극명하게 보여 주었다.

[설명4] 1976년 몬트리올 하계올림픽경기대회

몬트리올 올림픽경기대회는 1976년에 캐나다 몬트리올에서 개최되었다. 한국의 종합 성적은 금 1개, 은 1개, 동 4개로 종합 19위. 특히 레슬링 종목에 출전한 양정모는 이 대회에서 한국 스포츠 역사상 첫 올림픽 금메달을 따내는 쾌거를 이룩했다. 또한 여자 배구 대표팀은 동메달을 획득하여 구기종목 사상 최초의 올림픽 메달이었다.

[설명5] 1984년 로스앤젤레스 하계올림픽경기대회

1984년 로스앤젤레스올림픽경기대회는 우리나라 여성이 최초로 금메달을 획득한 대회로, 서향순이 양궁 개인전에서 금메달을 획득했다.

[설명6] 1988년 서울 하계올림픽경기대회

1988년 서울올림픽은 일본과 치열한 유치 과정에서 적극적인 외교활동을 펼쳐 서독 바덴바덴에서 유치를 결정지었다. 화합, 문화, 복지, 희망, 번영이라는 5대 특징을 가지고 이루어졌으며, 당시 역대 최대 규모의 선수단이 참가하여 종합 4위라는 최고의 성적을 거두었다.

박정희 정권이었던 1979년 제24회 하계 올림픽의 서울 유치계획을 정식 발표하였고 1981년 9월 30일, 서독 바덴바덴에서 열린 국제 올림픽 위원회 총회에서 서울 52표, 나고야 27표로 개최지가 서울로 결정되었다.

서울올림픽대회는 1988년 9월 17일부터 10월 2일까지 서울에서 개최된 제24회 올림픽경기대회이다. '화합과 전진'이라는 기치 아래 160개국 참가하였으며 동서 냉전이 계속되는 상황에서 분단국가인 한국에서 치러진 이 대회에 소련 등 공산주의 국가들이 대거 참가해 세계평화의 새로운 전기가 마련되었다.

1988년 서울올림픽은 냉전 시대에 동서 진영이 모두 참여한 화합의 장이었으며, 한국의 경제 발전과 국제적 위상 강화에 크게 기여하였다. 또한, 올림픽 유치를 통해 한국의 문화와 이미지를 세계에 알리고, 국민들의 자긍심을 높이는 계기가 되었다. 또한 생활체육의 활성화와 엘리트스포츠의 발전에 획기적 역할을 하였다.

1988년 서울올림픽 여자 핸드볼팀이 구기 종목 사상 최초의 금메달을 획득하였다. 서울올림픽에서 여자 핸드볼팀이 획득한 금메달은 한국 구기 사상 첫 금메달이었다.
1988년 개최된 서울올림픽경기대회의 마스코트는 호돌이였다.

[설명7] 1992년 바르셀로나 하계올림픽경기대회

1992년 바르셀로나올림픽경기대회는 우리나라가 광복 후 최초로 마라톤에서 금메달을 획득한 대회로, 황영조가 마라톤에서 금메달을 획득했다.

[설명8] 2000년 시드니 하계올림픽경기대회

2000년 시드니올림픽은 분단 후 남한과 북한의 선수가 최초로 개회식에 동시에 입장한 대회였다. 남한과 북한의 대표선수단은 KOREA라는 표지판과 한반도기를 앞세우고 함께 입장하여 세계인의 박수를 받았다.
2000년 시드니올림픽에서 태권도가 올림픽 정식 종목으로 시행되었다.

[설명9] 2008년 베이징 하계올림픽경기대회

2008년 베이징 올림픽 역도 여자 최중량급(+75kg) 경기에서 장미란 선수가 금메달을 획득하였다. 당시 인상 140kg, 용상 186kg, 합계 326kg을 들어 올리며 세계 신기록을 세웠다. 한국 여자 역도 역사상 최초의 올림픽 금메달이었다.

[설명10] 2010년 밴쿠버 동계올림픽경기대회

2010년 밴쿠버 동계올림픽경기대회 이상화 선수는 스피드스케이팅 여자 500m 종목에서 금메달을 획득하였다. 그리고 피겨스케이팅 종목에 참가한 김연아 선수가 금메달을 획득하였다. 이후 김연아 선수는 2014년 소치 동계 올림픽경기대회에서는 은메달을 획득하였다.

[설명11] 2018년 평창 동계올림픽경기대회

2018년 평창 동계올림픽은 대한민국에서 열린 최초의 동계올림픽이었다.

2018년 평창 동계올림픽에서 남북 공동 입장 및 여자 아이스하키 단일팀을 구성하였다.

2018년 개최된 평창올림픽경기대회의 마스코트는 수호랑과 반다비이다.

[설명12] 올림픽 태권도

태권도는 1988년 서울올림픽경기대회에서 시범종목으로 채택되었고 이후 2000년 시드니올림픽경기대회에서 정식종목으로 채택되었다. 대한민국 정부는 2007년에 태권도 진흥 및 태권도 조성 등에 관한 법률을 제정하였다.

[핵심기출지문 및 기출변형지문]

□ 1948년 제5회 생모리츠 동계올림픽경기대회는 우리나라가 대한민국 국호를 걸고 최초로 참가한 동계올림픽이다.

□ 광복 이후 우리나라 선수단이 최초로 참가한 올림픽경기대회는 제5회 생모리츠 동계 올림픽이다.

□ 1948년 제5회 생모리츠 동계올림픽경기대회는 광복 이후 최초로 태극기를 단 선수단이 파견되었다.

□ 1948년 제5회 동계올림픽경기대회는 스위스 생모리츠에서 개최되었다.

□ 1948년 제5회 동계올림픽경기대회에서 스피드스케이팅 종목에 출전하였다.

□ 1948년 런던 하계 올림픽은 대한민국이 최초로 참가한 하계 올림픽이었다.

□ 1948년 런던 하계 올림픽경기대회에 KOREA라는 정식 국호를 달고 최초로 참가했다.

□ 박봉식은 1948년 런던올림픽경기대회에 출전한 첫 여성 원반던지기 선수이다.

□ 1952년 헬싱키 올림픽경기대회는 한국 전쟁 중 우리나라가 참가한 대회로, 올림픽에 대한 한국의 열정을 극명하게 보여 주었다.

□ 1976년 몬트리올 올림픽대회에서 한국은 광복 후 하계올림픽대회에서 최초로 금메달을 획득했다.

□ 1976년 몬트리올 올림픽대회에서 양정모는 하계올림픽경기대회 레슬링 종목에서 한국 선수 최초로 금메달을 획득했다.

□ 1976년 몬트리올 올림픽대회에서 여자 배구팀이 구기 종목 사상 최초의 동메달을 획득하였다.

□ 1976년 몬트리올 올림픽대회는 우리나라가 최초로 금메달을 획득한 대회로, 금 1개, 은 1개, 동 4개로 종합순위 19위를 차지하였다.

□ 1984년 로스앤젤레스올림픽경기대회는 우리나라 여성이 최초로 금메달을 획득한 대회로, 서향순이 양궁 개인전에서 금메달을 획득했다.

□ 1988년 한국은 최초로 하계올림픽대회를 개회하였고 종합 4위의 성적을 거두었다.

□ 1988년 개최된 서울올림픽대회의 마스코트는 호돌이이다.

□ 1988년 서울올림픽대회는 일본과 치열한 유치 과정에서 적극적인 외교활동을 펼쳐 서독 바덴바덴에서 유치를 결정지었다.

□ 1988년 서울올림픽대회에서 여자 핸드볼 팀은 금메달을 획득하였다.

□ 1988년 서울올림픽대회는 스포츠외교를 통해 공산국가들이 대거 참가한 대회였다.

□ 1988년 서울올림픽대회는 생활체육을 활성화하는 계기를 마련하였다.

□ 1988년 서울올림픽대회는 엘리트스포츠 발전에 획기적인 역할을 하였다.

□ 1992년 바르셀로나올림픽경기대회는 우리나라가 광복 후 최초로 마라톤에서 금메달을 획득한 대회로, 황영조가 마라톤에서 금메달을 획득했다.

□ 2000년 시드니올림픽경기대회에서 태권도가 하계올림픽경기대회에서 정식 종목으로 채택되었다.

□ 2000년 시드니올림픽경기대회에서 남한과 북한의 선수가 최초로 하계올림픽대회에 동시 입장을 하였다.

□ 남북체육교류협력으로 2000년 시드니올림픽 개회식 때 남북한이 공동으로 입장하였다.

□ 2000년 시드니올림픽경기대회에서 남한과 북한의 대표선수단은 KOREA라는 표지판과 한반도기를 앞세우고 함께 입장하여 세계인의 박수를 받았다.

□ 김연아 선수는 2010년 밴쿠버동계올림픽경기대회에 출전해 피겨스케이팅 금메달 획득하였다.

□ 2018년 개최된 평창 동계올림픽의 마스코트는 수호랑과 반다비이다.

□ 태권도는 1988년 서울올림픽경기대회에 시범종목으로 채택되었다.

□ 태권도는 2000년 시드니올림픽경기대회에서 정식종목으로 채택되었다.

□ 대한민국 정부는 2007년에 태권도 진흥 및 태권도 조성 등에 관한 법률을 2007년에 제정하였다.

[설명1] 아시아경기대회

대한민국은 1954년 마닐라 하계 아시안게임에 최초로 참가하였다.

제1회 하계 아시아경기대회는 1951년 인도 뉴델리에 개최되었으나 대한민국은 6.25 전쟁으로 참가하지 못하였다. 그리고 3년 뒤에 열린 1954년 필리핀 마닐라 대회에 대한민국이 하계 아시아경기대회에 최초로 참가하여 종합 3위를 기록하였다.

아시아경기대회(아시안게임)는 한국에서 1988년 서울, 2002년 부산, 2014년 인천에서 열렸다.

대한민국은 제1회 1986년 삿포로 동계 아시안게임에 최초로 참가하였다.

[설명2] 조오련 선수

1974년 제6회 아시아경기대회 자유형 400m, 1500m에서 조오련 선수가 1위를 하였다. 이후 1978년 제7회 아시아경기대회 자유형 400m, 1500m에서도 1위를 하였다. 조오련 선수는 1980년 대한해협 횡단, 2005년 울릉도-독도 횡단, 2008년 독도 33바퀴 완주 기록하였다. 조오련 선수는 2020년 스포츠영웅으로 선정되었으며 2021년 국립묘지에 안장되었다.

[핵심기출지문 및 기출변형지문]

□ 우리나라는 1986년 서울아시아경기대회, 2002년 부산아시아경기대회, 2014년 인천아시아경기대회를 성공적으로 개최하였다.

□ 조오련 선수는 제6회, 제7회 아시아경기대회에서 수영종목 400M 1,500M 2관왕 2연패, 2008년 독도 33바퀴 회영하였으며 이후 2020년 스포츠영웅으로 선정되어 2021년 국립묘지에 안장되었다.

□ 대한민국은 1954년 마닐라 하계 아시안게임에 최초로 참가하였다.

□ 대한민국은 1986년 삿포로 동계 아시안게임에 최초로 참가하였다.

[설명1] 보스톤마라톤 · 서윤복

1947년 제51회 보스턴 마라톤 서윤복 선수가 출전하여 2시간 25분 39초의 세계 신기록을 세우며 우승했다. 당시 감독은 손기정, 코치 겸 페이스메이커는 남승룡이었다. 이는 광복 이후 국제대회에 KOREA라는 이름으로 태극기를 달고서 출전하여 수상한 첫 우승이었다.

[설명2] 세계여자농구선수권대회 · 박신자

1967년 제5회 체코 프라하 세계여자농구선수권대회에서 여자농구팀이 준우승을 하였다. 이는 한국 구기 종목 사상 첫 세계대회 은메달이었다.

당시 주장이었던 박신자 선수는 대회 최우수선수로 선정되었으며 2020년 아시아 최초로 FIBA 농구 명예의 전당 선수 부문에 헌액되었다.

[설명3] 사라예보 세계탁구선수권대회 · 정현숙, 박미라, 이에리사

1973년 4월 유고슬라비아 사라예보 세계탁구선수권대회 여자 단체전에서 우리 대표팀(정현숙, 박미라, 이에리사)이 금메달을 획득하였다. 한국 구기 종목 사상 처음으로 세계를 제패하였다.

[설명4] 유남규 · 현정화

1989년 독일 도르트문트 세계탁구선수권대회에서 유남규와 현정화는 혼합복식에서 우승하였다. 이는 한국 탁구 역사상 세계선수권 혼합복식 첫 금메달이었습니다. 이후 1993년 5월 스웨덴 예테보리 세계탁구선수권대회에서 현정화 선수가 한국 탁구 사상 처음으로 여자 단식으로 금메달을 획득했다.

[설명5] 박세리

1998년 US 여자 오픈에서 박세리 선수가 우승을 하였다. 당시 대한민국은 경제적으로 IMF체제 아래 있던 시절 박세리 선수의 맨발 투혼 끝에 1998년 US여자오픈에서 우승하면서 국민적 스포츠 스타가 되었고 박세리 선수의 우승 이후 골프의 대중화가 시작하게 되었다.

[설명6] 2002년 한일월드컵

2002년 제17회 한 · 일 월드컵축구대회는 한국과 일본이 공동으로 개최하였으며 한국은 4강에 진출하였다. 당시 한국의 길거리 응원은 온 국민의 문화축제의 장이었다.

□ 박신자 선수는 1967년 세계여자농구선수권대회에 출전해 최우수선수로 선정되었다.

□ 1973년 사라예보 세계탁구선수권대회 여자 단체전에서 우승을 달성하였다.

□ 2002년 제17회 월드컵축구대회는 한국과 일본이 공동으로 개최하였다.

□ 2002년 제17회 월드컵축구대회에서 한국은 4강에 진출하였다.

□ 2002년 제17회 월드컵축구대회에서 한국의 길거리 응원은 온 국민 문화축제의 이었다.

4. 남북한 단일팀 국제대회

[설명1] 1991년 지바 세계탁구선수권대회와 포르투갈 세계청소년축구대회

1990년 남북체육장관회담의 결과, 1991년 사상 첫 남북 스포츠 단일팀이 구성되었다. 그 결과 1991년 4월 지바 세계 탁구 선수권 대회와 1991년 6월 포르투갈 세계 청소년 축구 선수권 대회에서 분단 이후 최초의 남북 단일팀 출전하였고 지바 세계 탁구 선수권 대회에서는 여자 단체전 우승을 포르투갈 세계 청소년 축구 선수권 대회에서는 8강 진출을 이루었다.

선수단 호칭은 우리말로 '코리아'로, 영어로는 'KOREA(약자: kor)'로 한다. 선수단 단기는 흰색바탕에 하늘색 우리나라 지도를 그려 넣는 것으로 하며 선수단 단가는 1920년대에 우리나라에서 부르던 '아리랑'으로 하였다.

[설명2] 정권별 남북 스포츠 교류사

① 박정희 정권(제3·4 공화국)

남북 스포츠 교류의 최초 시도는 1963년 스위스 로잔에서 열린 남북 단일팀 구성을 위한 회담이었다. 이 회담은 1964년 도쿄 하계 올림픽 참가 단일팀 구성을 위한 것이었지만, 실제 남북 교류로는 이어지지는 못했다.

② 노태우 정권

1990년 남북통일축구대회를 개최하였다.

1991년 지바 세계탁구선수권대회 및 포루투갈 세계청소년축구선수권대회 단일팀을 구성하였다.

③ 김대중 정권

2000년 시드시 올림픽 개막식에서 남북한은 한반도기를 사용하며 남북한 공동입장을 하였다.

2002년 부산아시안게임 개막식에서도 남북한은 공동으로 입장을 하였다.

또한 북한은 대규모 선수단을 파견하면서 응원단 역시 방문하였다.

④ 문재인 정권

2018년 평창 동계올림픽에서 남북 공동 입장 및 여자 아이스하키 단일팀을 구성하였다.

[핵심기출지문 및 기출변형지문]

□ 남북체육교류협력으로 1991년 세계 탁구 및 축구 남북한 단일팀을 구성하였다.

□ 1991년 남북한 단일팀은 코리아 KOREA라는 명칭을 사용하였다.

□ 1991년 남북한 단일팀은 제41회 지바 세계탁구선수권대회의 여자단체전에서 우승하였다.

□ 1991년 남북한 단일팀으로 탁구 종목에 참가한 국제대회 경기는 제41회 지바세계탁구선수권대회이다.

□ 1991년 남북한 단일팀은 제6회 포르투갈 세계청소년축구대회에서 8강에 진출하였다.

□ 지바 세계탁구선수권대회에 남북단일팀으로 참가한 코리아 팀은 여자단체전에서 세계를 제패했으며, 포루투갈 세계청소년축구대회에서도 청소년대표팀이 남북단일팀으로 참가하여 8강 진출이라는 위엄을 달성했다.

□ 남한과 북한이 최초로 단일팀을 구성하여 KOREA라는 명칭으로 참가한 종목은 탁구이다.

□ 남북체육교류협력으로 2000년 시드니올림픽 개회식 때 남북한이 공동으로 입장하였다.

□ 2000년 시드니올림픽경기대회에서 남한과 북한의 선수가 최초로 하계올림픽대회에 동시 입장을 하였다.

□ 2000년 시드니올림픽경기대회에서 남한과 북한의 대표선수단은 KOREA라는 표지판과 한반도기를 앞세우고 함께 입장하여 세계인의 박수를 받았다.

□ 남북체육교류협력으로 2002년 부산아시안게임에 남북한이 개폐회식에 공동으로 입장하였다.

추가내용정리

일제는 1914년 6월에 학교체조교수요목을 반포하였는데, 이를 통해 민족주의적 체육활동을 통제하고 각종 유희의 도입으로 우민화 교육을 지향하는 것이었다. 학교체조교수요목을 구체적으로 살펴보면,

첫째, 체조교육의 내용이 유희·병식체조·보통체조에서 체조·교련·유희로 구분되었다. 이때 병식체조가 교련으로 독립되기는 하였지만, 어디까지나 일제의 군국주의적 체육의 기능을 수행한다는 취지를 지닌 것이었다.

둘째, 일본의 유희가 도입되었다.

셋째, 체조과 교수시간 외에 체육운동이 권장되었다.

넷째, 학생들의 신체 및 정신발달에 맞게 지도하고 교실의 청결과 통풍, 그리고 채광을 완전케 하도록 하였다. 다섯째, 학교체육이 모든 학교에서 필수과목으로 정착되었다.

[핵심기출지문 및 기출변형지문]

□ 1914년 학교체조교수요목을 통해 일본식 유희가 도입되었다.

□ 1914년 학교체조교수요목을 통해 식민지통치하 학교체육을 본격적 궤도로 올려놓았다.

□ 1914년 학교체조교수요목을 통해 체조과 교수시간 이외에 여러 가지 운동을 실시하였다.

[설명2] 체육부·체육청소년부·문화체육부·문화관광부·문화체육관광부

1982년 체육에 관한 사무를 관장하는 체육부가 신설되었다. 이후 1991년 체육청소년부로 개편되었다.

1993년 3월 문화부와 체육청소년부가 합쳐져서 문화체육부가 되었고, 1998년 2월 해외문화홍보, 관광 업무가 추가되면서 문화관광부로 바뀌었다.

2008년 2월 문화관광부, 국정홍보처, 정보통신부의 디지털콘텐츠 업무가 합쳐져서 지금의 문화체육관광부가 만들어졌다.

[핵심기출지문 및 기출변형지문]

□ 대한민국 정부의 체육정책 담당 부처는 체육부 - 문화체육부 - 문화체육관광부 순으로 변천하였다.

[설명3] 국민체육진흥공단

국민체육진흥공단은 제24회 서울올림픽대회를 기념하여 1989년 공익법인으로 설립되었다. 대한민국 체육 재정의 90% 이상을 담당하고 국민체력 100과 같은 프로그램 보급, 체육지도자 및 체육 인재 양성, 체육지도자 국가자격 전담, 경정·경륜·스포츠토토 등의 기금조성사업을 하고 있다.

[핵심기출지문 및 기출변형지문]

> □ 국민체육진흥공단은 제24회 서울올림픽대회를 기념하여 1989년 공익법인으로 설립되었다.
>
> □ 국민체육진흥공단은 체육지도자 국가자격시험을 전담하고 있다.
>
> □ 국민체육진흥공단은 경정, 경륜, 스포츠토토 등의 기금조성사업을 하고 있다.

[설명4] 대한체육회의 활동

1920년 조선체육회 창립

1938년 일제에 의해 강제 해산

1945년 조선체육회 부활

1947년 조선올림픽위원회 설립 및 국제올림픽위원회 가입

1948년 대한체육회 및 대한올림픽위원회(KOC)로 개칭

1964년 대한체육회에서 대한올림픽위원회(KOC) 분리

1966년 태릉선수촌 건립

1991년 국민생활체육협의회 설립(2009년 국민생활체육회로 개칭)

2009년 대한체육회와 대한올림픽위원회(KOC)를 통합 후
　　　　　대한체육회(KOC)로 명칭

2011년 진천선수촌 건립

2016년 대한체육회(KOC)와 국민생활체육회 통합 후
　　　　　대한체육회(KOC)로 명칭

[핵심기출지문 및 기출변형지문]

> □ 대한체육회의 전신인 조선체육회가 1920년 창립되었다.
>
> □ 1948년 조선체육회가 대한체육회로 개칭되었다.
>
> □ 대한체육회는 1966년 태릉선수촌을 건립하였다.
>
> □ 대한체육회(KOC)와 국민생활체육회는 2016년에 대한체육회(KOC)로 통합되었다.

태릉선수촌은 1966년 6월 지도자 및 국가대표선수의 강화훈련을 위하여 대한체육회가 설립한 선수합숙훈련장으로 경기종목의 국가대표 및 예비 국가대표선수들을 수시로 입소시켜 합숙훈련을 가짐으로써 팀워크를 재정비하고, 전력의 집중적인 향상을 도모하기 위한 종합운동시설과 숙박시설 등을 갖추고 있다.

[핵심기출지문 및 기출변형지문]

□ 태릉선수촌은 대한체육회가 1966년 우수선수의 육성을 위해 건립하였다.

□ 태릉선수촌은 스포츠를 통한 국위선양 및 국민통합 실현의 목적이 있었다.

□ 태릉선수촌은 국가대표선수들을 과학적으로 육성하는 기반이 되었다.

2급 스포츠지도사
한국체육사
기출문제해설

01 [2025. 2급]

고구려의 씨름에 관한 물적 사료는?

① 경국대전
② 각저총 벽화
③ 무녕왕릉 벽화
④ 김홍도의 씨름 풍속화

02 [2025. 2급]

[보기]에서 체육사관에 관한 옳은 설명을 모두 고른 것은?

> ⓐ 체육과 스포츠의 역사에 관한 견해, 관념 등을 의미한다.
> ⓑ 체육과 스포츠의 역사적 사실이나 사건 등을 기록한 것이다.
> ⓒ 진보사관, 순환사관 등에 따라 체육사적 해석이 다른 경우도 있다.
> ⓓ 체육과 스포츠의 역사 서술과 역사가의 견해 형성에 바탕이 되기도 한다.

① ⓐ, ⓑ
② ⓑ, ⓒ
③ ⓐ, ⓑ, ⓓ
④ ⓐ, ⓒ, ⓓ

[해설] 각저란 두 사람이 씨름하듯이 맞붙어 힘을 겨루어 승부를 겨루는 우리 고유의 운동이다.
고구려 씨름에 관한 벽화는 각저총과 장천 1호분에 그려져 있다.
[정답] ②

[해설] 체육과 스포츠의 역사적 사실이나 사건 등을 기록한 것은 사료이다.
[정답] ④

03 [2025. 2급]

부족국가 시대에 신체활동이 이루어진 행사가 아닌 것
은?

① 대향사례(大鄕射禮)
② 성년의식(成年儀式)
③ 주술의식(呪術儀式)
④ 제천행사(祭天行事)

04 [2025. 2급]

신라 화랑도의 체육활동과 사상에 관한 설명으로 옳지
않은 것은?

① 무예활동을 통한 덕(德)의 함양
② 효(孝)와 신(信) 등의 윤리를 강조
③ 무과 별시(別時) 응시를 위한 무예 수련
④ 무사정신과 임전무퇴의 군사주의 체육사상을 내포

[해설] 대사례(대향사례)는 국가에 행사가 있을 때 임금이 신하
들과 함께 활쏘기를 하는 국가의례로 사례에는 대사례와 향사례
의 두 가지가 있다. 주관하는 곳에 따라 임금이 주관하면 대사례,
대부나 지방관이 주관하면 향사례라 하였다.
[정답] ①

[해설] 조선시대에 과거시험은 정기적으로 실시되는 식년시 외
에 부정기적으로 실시되는 시험을 별시라고 하였다. 따라서 무
과 별시는 조선시대에 해당하는 것이다.
[정답] ③

05 [2025. 2급]

[보기]의 ⓐ ~ ⓒ에 들어갈 용어는?

고구려에 관한 사료인 [ⓐ]에 따르면 "풍속에 독서를 즐긴다. 천민의 집까지 이르는 거리에 큰 집을 지어 [ⓑ]이라고 한다. 여기서 미혼의 자제들이 밤새워 책을 읽으며 [ⓒ]을/를 익힌다"라고 하였다.

① ⓐ 구당서 ⓑ 경당 ⓒ 각저
② ⓐ 구당서 ⓑ 경당 ⓒ 궁술
③ ⓐ 삼국지 ⓑ 학당 ⓒ 각저
④ ⓐ 삼국지 ⓑ 학당 ⓒ 궁술

06 [2025. 2급]

고려의 민속놀이에 관한 설명으로 옳은 것은?

① 석전 : 공놀이
② 추천 : 널뛰기
③ 풍연 : 연날리기
④ 축국 : 그네뛰기

[해설] [구당서] 고구려전에는 다음과 같은 기록이 전한다.
습속은 서적을 매우 좋아하여, 문지기·말먹이 따위의 (가장 미천한) 집에 이르기까지 거리마다 큰 집을 지어 [경당]이라 부른다.
자제들이 결혼할 때까지 밤낮으로 이곳에서 독서와 [활쏘기]를 익히게 한다.
[정답] ②

[해설] 석전은 돌싸움, 추천은 오늘날 그네뛰기, 축국은 오늘날 축구(공놀이)와 유사한 형태의 놀이이다.
[정답] ③

07 [2025. 2급]

[보기]에서 방응(放鷹)에 관한 설명을 모두 고른 것은?

① ⓐ, ⓑ, ⓒ
② ⓐ, ⓒ, ⓓ
③ ⓐ, ⓑ, ⓓ
④ ⓐ, ⓑ, ⓒ

08 [2025. 2급]

조선시대의 훈련원에 관한 설명으로 옳지 않은 것은?

① 국왕의 친위 부대였다.
② 군사의 시재(試才)를 담당하였다.
③ 무예 교육과 훈련을 담당하였다.
④ 무경칠서 등의 병서 습득을 장려하였다.

[해설] 방응은 매사냥이며 이는 고구려 삼실총 벽화에 매사냥이 묘사되어 있으나 방응을 전담하는 관청이 있었던 것은 아니다. 응방제도는 몽고에서 들어온 것으로, 고려 충렬왕 때 응방도감이 설치되어 조선까지 이어졌다.

[정답] ①

[해설] 훈련원은 무인 양성과 관련된 공식적인 교육기관이이었다. 이러한 훈련원이 하는 임무는 첫째, 무과(武科)를 주관하는 일을 하였으며, 둘째, 병서들을 습독하는 걸 포함해 훈련원이 군사력의 유지·발전을 위해 활쏘기, 마상무예 등의 훈련을 실시하였다.

[정답] ①

09 [2025. 2급]

[보기]에서 활인심방에 관한 옳은 설명을 모두 고른 것은?

> ⓐ 활인심을 근거로 하였다.
> ⓑ 도인법은 신체 단련방법이다.
> ⓒ 조선시대에 간행된 보건 실용서이다.
> ⓓ 양생지법과 도인법 등을 다루고 있다.

① ⓐ, ⓑ
② ⓒ, ⓓ
③ ⓑ, ⓒ, ⓓ
④ ⓐ, ⓑ, ⓒ

10 [2025. 2급]

조선시대의 식년무과(式年武科)에 관한 설명으로 옳은 것은?

① 소과와 대과로 구분하여 실시하였다.
② 초시, 복시, 전시의 단계로 실시하였다.
③ 초시, 복시, 전시에는 강서 시험을 포함하였다.
④ 전시는 목전, 철전, 기사, 기창, 격구 등 무예 종목을 실시하였다.

[해설] 활인심은 중국 명나라 의학서로 도교의 대표적인 건강관리서이다. 퇴계 이황은 활인심을 입수해 베껴 쓴 뒤 자신의 몸과 마음을 다스리는 건강관리법으로 활용하였으며 일부 내용에 대해 주석까지 붙여 재구성하였는데 이 책을 활인심방이라고 한다. 활인심방은 마음을 통한 건강증진법과 치료법 그리고 체조를 통한 신체의 건강 예방과 양생법으로 볼 수 있다.

구체적으로 보면 활인심방의 내용은 첫째, 20여 가지의 양생지법을 담고 있다. 언제나 신체기관에 위해가 가지 않도록 과음·과식·과격한 행동을 금해야 한다는 내용이다. 둘째, 도인법으로 아침에 자리에서 일어나 행하는 8가지 실내운동과 호흡법으로 목 돌리기, 마찰, 다리의 굴신 등의 보건체조이다. 셋째, 사계양생가는 춘하추동으로 나누어 호흡하는 호흡법 넷째, 활인심서는 기를 조절하고, 식욕을 줄이며, 욕망을 절제하는 방법이다. 그 외에 보양정신(몸을 보호하는 정신) 보양음식(몸을 보호하는 음식) 등 내용을 담고 있다.

[정답] ④

[해설] 조선시대 무과는 무관의 자손을 비롯하여 향리나 일반 서민으로서 무예에 재능이 있는 자에게는 응시할 수 있는 기회를 주었다. 이러한 무과는 문과와 달리 소과, 대과 구분 없는 단일과였다. 무과는 3년마다 정규적으로 실시되는 식년무과와 비정규적 무과인 증광시, 별시, 정시, 춘당대시 등이 있었다.

정규적으로 실시되는 식년무과의 경우 초시-복시-전시 3단계의 시험이 있었다.

초시는 훈련원이 주관해서 70인을 선발하는 원시와 각 도의 병마절도사가 주관해서 선발하는 향시가 있었다. 초시에 목전, 철전, 기사, 기창, 격구 등 무예 종목을 실시하였다.

복시는 초시 합격자들을 한성에 모아서 병조와 훈련원이 주관하여 강서와 무예를 통하여 28인을 선발하였다.

전시는 복시 합격자 28명을 그대로 급제케 하되, 처음에 기격구·보격구로 시험했으나, 뒤에는 11기(技) 중의 1기 내지 2기로써 등급을 정해 갑과 3인, 을과 5인, 병과 20인 등 모두 28인을 선발하였다.

[정답] ②

11 [2025. 2급]

[보기]의 설명에 해당하는 체조는?

> 개화기 학교에서는 정규과목으로 체조가 편성되었으며 연령과 성별에 따라서 다양하게 실시되었다. 당시의 체조는 군사적 목적을 고려하여 규율에 반응하는 신체를 만드는 데 유효한 방법이었다.

① 유희체조
② 병식체조
③ 리듬체조
④ 기공체조

[해설] 1895년 고종이 공포한 교육입국조서에 의하여 모든 학교가 체조를 정식 교과목으로 채택하게 되었는데, 당시의 체조는 대부분 군인들이 지도하여 그 내용도 딱딱하고 형식적인 병식체조 중심이었다.

[정답] ②

12 [2025. 2급]

[보기]에 해당하는 시기는?

> 황국신민체조와 함께 검도, 유도, 궁도 등을 여학생에게 실시하게 한 것은 일본의 군국주의를 드러낸 것이었다. 학교체육의 성격은 점차 교련에 가까워졌다.

① 무단통치기
② 민족말살기
③ 문화통치기
④ 체조교습기

[해설] 민족말살통치기는 일제의 무단통치, 문화통치에 이어 한 민족의 민족적 정체성을 말살하여 일본인에 동화시켜 중일전쟁·제2차 세계 대전 중 하나인 태평양 전쟁에 협력하도록 민족말살을 시키고자 했던 시기이다. 이 시기 체육은 일본의 군국주의에 따라 교련적 체육이었다.

[정답] ②

13 [2025. 2급]

[보기]에서 문곡 서상천의 활동을 모두 고른 것은?

> ⓐ 우리나라에 역도를 도입하였다.
> ⓑ 조선체력증진법연구회를 설립하였다.
> ⓒ 현대체력증진법, 현대철봉운동법 등을 발간하였다.
> ⓓ 조선체육회의 임원으로 병식체조를 개선한 교육체조를 가르쳤다.

① ⓐ, ⓑ
② ⓑ, ⓒ
③ ⓐ, ⓑ, ⓒ
④ ⓐ, ⓑ, ⓒ, ⓓ

14 [2025. 2급]

[보기]의 설명에 해당하는 교육기관은?

> 이 교육기관은 개항 이후에 일본인의 세력에 대응하고자 설립되었다.
> 무예반에는 병서와 사격 과목이 편성되었고, 무예반의 비중이 컸다는 점에서 무비자강을 지향했다고 할 수 있다.

① 무예학교
② 원산학사
③ 배재학당
④ 경신학당

해설 및 정답

[해설] 서상천은 역도를 처음으로 국내에 도입하였다. 대부분 스포츠 종목들은 서양인이나 일본인에 의해 도입이 되었는데 역도만은 한국인 서상천이 처음으로 소개한 스포츠 종목이다.

서상천은 일본 유학을 다녀온 후, 1926년부터 휘문고등학교 체육교사 재직하면서 역도부를 조직하고 지도하였으며 동시에 자신의 집을 개조하여 한국 최초의 체육연구소인 조선체력증진법연구소(이후 중앙체육연구소)를 창립하여 전국에 체력단련법과 역도 등을 보급하기 시작하였다.

또한 현대체력증진법(1931), 현대철봉운동법(1934)을 발행하였다. 역도(力道)라는 용어를 창안하여 1936년 조선체육회의 승인을 얻어 역기 종목을 역도(力道)라는 용어로 개칭하였다.

광복 이후 1948년 하계 런던올림픽에서 역도 미들급 동메달을 획득하여 대한민국 최초의 올림픽 메달을 획득한 김성집을 지도하였다.

대한체조협회 회장, 대한씨름협회 회장을 역임하였다.

[정답] ③

해설 및 정답

[해설] 1883년 원산학사는 민간인이 설립한 한국 최초의 근대학교로 배재학당보다 2년 앞서 설립되었다. 함경남도 원산은 개항과 동시에 1880년에 일본인 거류지가 만들어지고 일본 상인의 활동이 시작되자 원산 주민들은 일본 상인의 침투에 대한 대응책을 세워야 할 것을 절감하였고 원산주민과 부사 정현석이 협력하여 원산학사를 설립하였다.

원산학사는 문예반(50명)과 무예반(200명)으로 운영되었다.

특히, 무예반을 둔 것은 동래무예학교의 영향을 받은 것이고 또한 무예반의 비중이 문예반에 비해 컸다는 점에서 무비자강을 지향했다고 할 수 있다. 원산학사는 평민도 입학이 가능했으며 무예반의 교육과정으로 전통무예·병서·사격을 가르쳤다.

[정답] ②

15 [2025. 2급]

1991년에 있었던 남북한 단일팀의 국제대회 참가에 관한 설명으로 옳지 않은 것은?

① 단일팀은 코리아 KOREA라는 명칭을 사용하였다.
② 제6회 포르투갈 세계청소년축구대회에서 8강에 진출하였다.
③ 제41회 지바 세계탁구선수권대회의 여자단체전에서 우승하였다.
④ 제24회 서울올림픽경기대회 중에 열린 남북회담을 계기로 이루어졌다.

16 [2025. 2급]

제5공화국의 스포츠정책으로 옳지 않은 것은?

① 태릉선수촌이 건립되었다.
② 국군 체육부대를 창설하였다.
③ 제10회 서울아시아경기대회를 개최하였다.
④ 야구, 축구, 씨름의 프로리그가 시작되었다.

해설 및 정답

[해설] 1991년 4월 지바 세계 탁구 선수권 대회(여자단체전 우승)와 1991년 6월 포르투갈 세계 청소년 축구 선수권 대회(8강 진출)에서 분단 이후 최초의 남북 단일팀 출전하였다. 선수단 호칭은 우리말로 '코리아'로, 영어로는 'KOREA(약자: kor)'로 한다. 선수단 단기는 흰색바탕에 하늘색 우리나라 지도를 그려 넣는 것으로 하며 선수단 단가는 1920년대에 우리나라에서 부르던 '아리랑'으로 하였다.

[정답] ④

해설 및 정답

[해설] 제5공화국은 1979년 12.12 군사반란으로 정권을 잡은 전두환이 개헌을 단행 후 제12대 대통령 취임(1981년 2월 25일)부터 시작된 군사정권 시대를 일컫는다. 1981년 2월 25일부터 1988년 2월 24일까지 존속했다.

태릉선수촌은 제3공화국인 1966년 박정희 정부시대에 건립되었다.

[정답] ①

17 [2025. 2급]

광복 이후 우리나라 선수단이 최초로 참가한 올림픽경기대회는?

① 제14회 런던 하계 올림픽대회
② 제6회 오슬로 동계 올림픽대회
③ 제15회 헬싱키 하계 올림픽대회
④ 제5회 생모리츠 동계 올림픽대회

[해설] 스위스 생모리츠 동계올림픽은 1948년 1월에 열려 한국이 광복 후 처음 출전한 국제대회이다. 한국은 'KOREA'라는 이름과 태극기를 내건 첫 국제대회이다. 대한민국은 스피드스케이팅 단 1개 종목에 참가하였다.

[정답] ④

18 [2025. 2급]

광복 이후 제5공화국까지의 체육에서 나타난 사상적 특징으로 옳지 않은 것은?

① 우수선수의 육성을 우선하는 엘리트주의가 나타났다.
② 국민체육진흥법의 국위선양은 국가주의를 나타낸다.
③ 국가 주도의 강한 신체 훈련을 앞세우는 실존주의가 나타났다.
④ 건전하고 강인한 국민성의 함양을 강조하는 건민주의가 나타났다.

[해설] 광복 이후 한국 체육사상은 크게 국가주의, 엘리트주의, 건민사상이 있다.

ⅰ) 국가주의
스포츠를 통해 애국심을 고취하고, 국가와 대표팀의 업적을 동일시하는 경향이 강했다. 국가 체육 정책은 스포츠를 통한 국위선양과 국민통합을 목표로 했으며 이 시기에는 국가적 차원에서 스포츠 발전을 위한 투자가 이루어졌다.

ⅱ) 엘리트주의
스포츠를 통해 국위선양을 강조하며, 우수 선수 양성에 초점을 맞췄으며, 선수들은 국가 대표로서 대회에서 좋은 성적을 거두어 국가의 위상을 높이고자 하였다. 이 시기에는 국가적 차원에서 엘리트 스포츠 발전을 위한 지원과 투자가 집중되었다.

ⅲ) 건민사상
건강하고 강인한 국민성을 중시하며, 스포츠 대중화와 생활 체육 활성화에 힘썼다. 국민들의 신체적 건강 증진과 건전한 정신 함양을 목표로 했으며, 학교 체육과 생활 체육을 강조하였다.

[정답] ③

19 [2025. 2급]

국민생활체육진흥종합계획(호돌이계획)의 내용으로 옳은 것은?

① 제24회 서울올림픽경기대회를 대비하고자 추진되었다.
② 국민체육진흥법을 제정하여 스포츠클럽을 체계적으로 관리하였다.
③ 국민생활체육협의회의 창설과 직장체육 프로그램의 보급이 이루어졌다.
④ 전문체육 육성을 위한 국가대표 연금과 우수선수 병역 혜택의 제도가 도입되었다.

해설 및 정답

[해설] 노태우 정권은 국민생활체육진흥종합계획(일명 호돌이계획)을 세우고 1991년에 생활체육을 전담할 수 있는 국민생활체육협의회를 탄생시켜 국민생활체육 발전의 제도적 기반을 확고히 구축하고자 하였다.

[정답] ③

> 추가해설1) 1986년 이전의 대한민국은 아시안게임과 올림픽, FIFA 월드컵 같은 국제적인 대규모적 스포츠 대회 개최라는 경험이 전무한 상태였기 때문에 1986년 서울아시안게임을 유치 및 진행을 경험하여 제24회 서울올림픽경기대회를 대비하고자 하였다.
> 추가해설2) 우리나라의 체육은 1950년대까지는 민간에서 중심적인 역할을 수행하였으나 박정희 정부때 제정된 국민체육진흥법(1962) 이후부터는 상당 부분 정부에 의해 정책적으로 주도되었다. 국민체육진흥법은 체육을 더 이상 학교와 교육의 영역만이 아닌 국민생활의 영역으로 확대, 발전시키고자 했고, 체육진흥을 국가와 지방의 중요한 정책요소로 명문화한 계기가 되었다.
> 추가해설3) 박정희 정권 때 병역의무의 특례규제에 관한 법률(1973)이 제정되면서 국위선양과 문화 창달이라는 명분 아래 병역특례제도가 만들어졌다. 1976년 몬트리올 올림픽 레슬링 종목에서 금메달을 획득한 양정모 선수가 병역특례 1호였다. 당시 양정모 선수가 딴 금메달은 한국의 첫 하계 올림픽 참가(1948년, 런던) 이후 나온 최초의 금메달이었다.

20 [2025. 2급]

[보기]에서 광복 이후 1940년대 말까지 체육의 내용을 모두 고른 것은?

> ⓐ 미국 신체육의 영향을 받았다.
> ⓑ 일제강점기에 해산되었던 조선체육회가 재건되었다.
> ⓒ 조선체육동지회의 결성은 민족 체육 재건의 계기가 되었다.
> ⓓ 학도호국단이 결성되었고, 많은 체육 교사들이 교관으로 활동하였다.

① ⓐ, ⓑ
② ⓑ, ⓒ
③ ⓐ, ⓑ, ⓒ
④ ⓐ, ⓑ, ⓒ, ⓓ

해설 및 정답

[해설] 광복 이후 38도선 이남은 미군이 1945년 9월 9일부터 1948년 8월 15일 대한민국 정부 수립 전까지 다스린 미군정기였다. 이 기간 동안은 한국은 미국의 제도, 문화 등을 받아들였고 체육 역시 미국식 체육의 영향을 받았다.

광복 이후 체육인들은 체육조선의 재건을 위해 이상백을 위원장으로 한 조선체육동지회를 구성하였다. 조선체육동지회는 1938년 조선체육협회에 통합됐던 조선체육회를 1945년 11월 재건하였으며, 회장은 여운형이 맡았다. 1948년 대한민국 정부 수립 후에는 대한체육회로 명칭을 변경하고 현재에 이르고 있다.

광복 이후 1945년 9월부터 시작된 미군정이 1948년 대한민국 정부 수립과 함께 폐지되었고 이에 미군은 철수를 하기 시작하였다. 미군의 철수로 인해 국방력의 공백을 메울 예비 전력 확보가 필요하였는데 정부는 예비전력 확보를 위해 호국군을 창설하였다. 나아가 정부는 전국 중등학교 이상의 학생들을 대상으로 학도호국단(1949)을 결성하였다.

[정답] ④

2024년

2급 스포츠지도사
한국체육사
기출문제해설

01 [2024. 2급]

[보기]에서 한국체육사에 관한 설명으로 옳은 것만을 모두 고른 것은?

> ⓐ 한국 체육과 스포츠의 시대별 양상을 연구한다.
> ⓑ 한국 체육과 스포츠를 역사학적 방법으로 연구한다.
> ⓒ 한국 체육과 스포츠에 관한 역사 기술은 사실 확인보다 가치평가가 우선한다.
> ⓓ 한국 체육과 스포츠의 과거를 살펴보고, 이를 통해 현재를 직시하고 미래를 조망한다.

① ⓐ, ⓑ, ⓒ
② ⓐ, ⓑ, ⓓ
③ ⓐ, ⓒ, ⓓ
④ ⓑ, ⓒ, ⓓ

02 [2024. 2급]

[보기]에서 신체활동이 행해진 제천의식과 부족국가가 바르게 연결된 것만을 모두 고른 것은?

> ⓐ 무천 - 신라
> ⓑ 가배 - 동예
> ⓒ 영고 - 부여
> ⓓ 동맹 - 고구려

① ⓐ, ⓑ
② ⓒ, ⓓ
③ ⓐ, ⓑ, ⓓ
④ ⓑ, ⓒ, ⓓ

[해설]

부여	영고(12월)
고구려	동맹(10월)
동예	무천(10월)
삼한 (마한, 변한, 진한)	수릿날(5월) 시월제(10월) 또는 계절제
신라	가배

[정답] ②

[해설] 역사의 기술은 가치평가보다 사실 확인이 우선한다.

[정답] ②

03 [2024. 2급]

[보기]에 해당하는 부족국가시대 신체활동의 목적은?

> 중국 역사 자료인 〈위지동이전(魏志東夷傳)〉에 따르면, "나이가 씩씩한 청년들의 등가죽을 뚫고 굵은 줄로 그곳을 꿰었다. 그리고 한 장 남짓의 나무를 그곳에 매달고 온종일 소리를 지르며 일을 하는데도 아프다고 하지 않고, 착실하게 일을 한다. 이를 큰사람이라 부른다."

① 주술의식
② 농경의식
③ 성년의식
④ 제천의식

04 [2024. 2급]

[보기]에서 삼국시대의 무예에 관한 설명으로 옳은 것만을 모두 고른 것은?

> ⓐ 신라 : 궁전법을 통해 인재를 등용하였다.
> ⓑ 고구려 : 경당에서 활쏘기 교육이 이루어졌다.
> ⓒ 백제 : 훈련원에서 무예시험과 훈련이 행해졌다.

① ⓐ, ⓑ
② ⓐ, ⓒ
③ ⓑ, ⓒ
④ ⓐ, ⓑ, ⓒ

해설 및 정답

[해설] 부족사회에서 성년의식은 자녀들이 부족사회의 구성원으로서 필요한 기술과 지식, 부족사회의 규범, 부족사회의 역사 등을 계획적으로 가르치고 시행된 교육적 의식을 말한다. 특히, 부족사회에서는 부족의 신화를 계승하고 또 춤을 익혔으며, 부족의 운명공동체 일원으로서 식량 확보를 위한 수렵과 채집활동을 하였다.
[정답] ③

해설 및 정답

[해설] 조선시대 훈련원은 무인 양성과 관련된 공식적인 교육기관이었다.
이러한 훈련원이 하는 임무는 첫째, 무과를 주관하는 일을 하였으며, 둘째, 병서들을 습독하는 걸 포함해 훈련원이 군사력의 유지·발전을 위해 활쏘기, 마상무예 등의 훈련을 실시하였다.
신라는 활쏘기 실력으로 인재를 등용하는 궁전법이 있었다.
[정답] ①

05 [2024. 2급]

고려시대 최고의 교육기관과 무학(武學)교육이 바르게 연결된 것은?

① 성균관 - 대빙재
② 성균관 - 강예재
③ 국자감 - 대빙재
④ 국자감 - 강예재

06 [2024. 2급]

고려시대의 신체활동에 관한 설명으로 옳지 않은 것은?

① 기격구 : 서민층이 유희로 즐겼다.
② 궁술 : 국난을 대비하여 장려되었다.
③ 마술 : 무인의 덕목 중 하나로 장려되었다.
④ 수박 : 무관이나 무예 인재의 선발에 활용되었다.

[해설] 고려 성종은 오늘날 국립대학 격인 국자감을 설치하였는데 당시 국자감에는 유학부만 존재하였다. 이후 고려 예종은 국자감에 전문강좌인 7재 개설하였는데 예종이 개설한 7재는 여택재, 대빙재 등 유학 경전을 가르친 6재와 무학을 가르친 강예재가 있었다.
[정답] ④

[해설]
격구는 기격구와 보격구가 있는데 기격구는 무관이나 상류층 청년들이 말을 타고 공채로 공을 치던 무예이다. 보격구는 걸어 다니면서 공채로 공을 치던 무예이다.
고려·조선 시대에는 무예의 한 과목으로 인정되었으며 크게 성행하였다.
[정답] ①

07 [2024. 2급]

석전의 성격에 관한 설명으로 옳지 않은 것은?

① 관료 선발에 활용되었다.

② 명절에 종종 행해지던 민속놀이였다.

③ 전쟁에 대비한 군사훈련에 활용되었다.

④ 실전 부대인 석투군과 관련이 있다.

[해설] 석전은 단오절이나 명절에 사람들이 두 편으로 나뉘어 서로 돌팔매질을 하여 승부를 겨루던 돌던지기 놀이이다. 이러한 석전은 편전, 편쌈이라고도 하였다.

석전은 삼국시대부터 시작되어 고려와 조선 초기에는 더욱 성행하였다. 석전은 전쟁에 대비하는 전투적 놀이, 전쟁 실전 연습의 무예활동이었다.

석투군, 척석군 등 석전 전문 군대가 있었다. 볼거리를 제공하는 관람스포츠의 형태를 지니기도 했다.

[정답] ①

08 [2024. 2급]

조선시대 서민층이 주로 행했던 민속놀이와 설명으로 옳지 않은 것은?

① 추천 : 단오절이나 한가위에 즐겼다.

② 각저, 각력 : 마을 간의 겨룸이 있었는데, 풍년 기원의 의미도 있었다.

③ 종정도, 승경도 : 관직 체계의 이해와 출세 동기 부여의 뜻이 담겨 있었다.

④ 삭전, 갈전 : 농경사회의 대표적인 민속놀이로서 농사의 풍흉을 점치는 의미도 있었다.

[해설] 승경도 놀이는 조선시대 양반자제들이 하던 한국의 민속놀이로 옛 벼슬의 이름을 종이에 도표로 만들어 놓고 놀던 놀이이다. 승경도는 종경도, 승정도, 종정도라고도 한다.

승경도는 조선시대의 수많은 관직의 등급과 상호관계를 놀이를 통해 익히며 벼슬에 오르는 포부를 키워 주었다.

[정답] ③

추가해설) 추천은 그네놀이, 그네뛰기놀이로 단오절이나 한가위에 즐겼다.

씨름은 각력·각저·각희·상희·상박으로 불렸다가 조선시대에 실훔에서 실훔을 거쳐 오늘날 씨름으로 변하였다.

씨름은 주로 음력 5월 단오 무렵에 넓은 강변이나 모래사장 등에서 즐기던 대표적인 남성 놀이이자 운동 경기이다.

줄다리기는 정월 대보름날에 하는 놀이로 풍년을 기원하거나 풍흉을 점치는 의미를 가지고 있다. 줄다리기는 마을 내에서 편을 가르거나 이웃한 마을 간 대항하여 하기도 하였다. 줄다리기는 삭전, 갈전, 조리지희 줄싸움 등으로 불리었다.

09 [2024. 2급]

조선시대의 무예서에 관한 설명으로 옳지 않은 것은?

① 무예도보통지 : 정조의 명에 따라 24기의 무예가 수록, 간행되었다.
② 무예신보 : 사도세자의 주도하에 18기의 무예가 수록, 간행되었다.
③ 권보 : 광해군의 명에 따라 무예제보에 수록되지 않은 4기의 무예가 수록, 간행되었다.
④ 무예제보 : 선조의 명에 따라 전란 중에 긴급하게 필요했던 단병기 6기가 수록, 간행되었다.

[해설] 무예제보와 권보는 선조 때 간행된 무예서이다.
[정답] ③

추가해설) 임진왜란의 영향으로 조선은 체계적인 병사 훈련의 필요성이 제기되었고 명나라의 병서인 기효신서가 보급되었다. 조선 선조 때 한교는 왕명을 받아 기효신서를 비롯한 여러 무예지를 바탕으로 무예제보를 간행하였다.
이러한 무예제보는 현재 우리나라에 현존하고 있는 가장 오래된 무예서이다.
이후 선조의 명에 따라 무예제보에 수록되지 않은 무예를 수록한 권보가 간행되었다.
선조 이후 광해군 때에는 무예제보번역속집이 간행되었다.
영조 때 무예신보를 간행하였다. 무예신보는 사도세자의 주도하에 18기의 무예가 수록되었다.
무예도보통지는 이덕무, 박제가, 백동수 등이 정조의 명을 받고 편찬하였다. 무예도보통지는 조선시대 군용 무술 교본으로 무예에 대한 그림과 해설(도보) 종합서적(통지)을 말한다. 무예도보통지는 모두 24가지 무예를 4권으로 나누어 다루고 있으며, 무예만 있는 것이 아니라 무기 만드는 법, 무기의 형상 비교와 무기의 규격 등이 기록되어 있다. 무예도보통지는 한국·중국·일본의 관련 문헌 145권이 참조되었다.

10 [2024. 2급]

[보기]에 조선시대의 궁술에 관한 설명으로 옳은 것만을 모두 고른 것은?

ⓐ 군사훈련의 수단이다.
ⓑ 무과 시험의 필수과목이었다.
ⓒ 심신수련을 위한 학사 사상이 강조되었다.
ⓓ 불국토사상을 토대로 훈련이 이루어졌다.

① ⓐ, ⓑ
② ⓒ, ⓓ
③ ⓐ, ⓑ, ⓒ
④ ⓑ, ⓒ, ⓓ

[해설] 조선은 유교 중심의 국가임에도 불구하고 임금부터 일반 백성에 이르기까지 궁술을 권장하였다. 궁술은 무과시험의 필수과목, 군사 훈련의 수단을 넘어서, 심신 수양과 인격 도야의 수단으로 인식하였던 것이다.
[정답] ③

11 [2024. 2급]

고종의 교육입국조서에서 삼양이 표기된 순서는?

① 덕양 - 체양 - 지양
② 덕양 - 지양 - 체양
③ 체양 - 지양 - 덕양
④ 체양 - 덕양 - 지양

12 [2024. 2급]

[보기]에서 설명하는 개화기의 기독교계 학교는?

- 헐벗(H. B. Hulbert)이 도수체조를 지도하였다.
- 1885년 아펜젤러가 설립하였다.
- 과외활동으로 야구, 축구, 농구 등의 스포츠를 실시하였다.

① 경신학당
② 이화학당
③ 숭실학당
④ 배재학당

[해설] 한국에서 근대적 체조가 시작된 것은 배재학당에서 미국인 선교사 헐버트(Hulbert)에 의해서였다. 헐버트는 1897년 배재학당에서 도수체조를 가르치기 시작했으며, 체조시간이면 철봉을 하는 법을 지도했다.

[정답] ④

추가해설) 배재학당은 1885년 미국인 선교사 아펜젤러가 설립한 한국 최초의 근대식 중등사립학교이다. 배재는 인재를 기른다는 뜻이며 졸업생으로 안창호, 이승만, 주시경, 지청천 등의 졸업생을 배출했다. 배재학당에서는 과외활동으로 야구, 축구, 농구 등의 스포츠를 실시하였다.

언더우드학당은 미국인 선교사 언더우드에 의하여 설립된 중등사립학교이다. 고아원 형식의 시작한 언더우드 학당은 1905년 경신학당으로 교명을 바꾸었다. 경신학당은 개화기 근대 체육의 수용기에 서구 스포츠를 도입하며 체조 과목을 정규 교육과정에 편성했다.

이화학당은 1886년 미국인 여선교사 메리 스크랜턴(Scranton)이 설립한 한국 최초의 여성 교육기관이다. 이화학당은 체조를 정식과목으로 채택함으로써 근대 여성 체육의 모태가 됐다.

[해설] 교육입국조서(1895)는 교육에 의한 입국(立國)의 의지를 밝힌 것으로 교육을 국가 보존과 발전의 수단으로 인식하였다. 고종은 교육입국조서에서 교육의 3대 강령으로 덕육, 체육, 지육의 전인 교육을 강조하였다.

[정답] ①

13 [2024. 2급]

개화기 학교 운동회에 관한 설명으로 옳지 않은 것은?

① 민족의식을 고취하는 역할을 하였다.
② 초기에는 구기 종목이 주로 이루어졌다.
③ 사회체육 발달의 촉진제 역할을 하였다.
④ 근대 스포츠의 도입과 확산에 기여하였다.

14 [2024. 2급]

다음 중 개화기에 설립된 체육단체가 아닌 것은?

① 대한체육구락부
② 조선체육진흥회
③ 대동체육구락부
④ 황성기독교청년회운동본부

[해설] 1937년 7월 중일전쟁을 일으킨 일제는 조선인 민간단체의 일본화정책에 의거하여 1938년 7월 체육기관의 일원화에 따라 조선체육회를 일본인 중심의 조선체육협회에 통합시켰다. 1941년 12월 일제는 태평양전쟁을 일으키고 전시체제강화에 따른 체육통제를 위하여 전국의 조선인 체육단체를 해산시키고 일본인 중심의 조선체육협회도 1942년에 조선체육진흥회로 통합시켰다. 조선 내 체육분야에서의 황국신민화를 주도하고 전시체제하의 국방체육을 강력하게 추진하기 위함이었다.

[정답] ②

ⅰ) 대한체육구락부(1906)는 황성기독교청년회운동부(1906)보다 앞서 설립된 우리나라 최초로 조직된 근대적 체육단체이다. 현양운·한상우 등 30명이 결성하였으며, 축구·높이뛰기·씨름 등 스포츠를 보급하고 지도하였다.

ⅱ) 대동체육구락부(1908)는 평양에 설립된 단체로 사회진화론적 자강론에 입각하여 체육의 가치를 국가의 부강과 존폐의 근간이 되는 요인으로 인식하고 국민의 체육을 진흥시켜 나라를 회복하고자 조직한 단체였으나 구체적인 업적을 남기지는 못하였다.

ⅲ) 황성기독교청년회(1903)는 미국인 선교사 질레트가 1903년에 황성기독교청년회를 결성하였고 계몽운동·체육지도·농촌운동 등을 전개하였다. 황성기독교청년회·운동부(1905)는 아서 터너와 질레트를 중심으로 근대적 스포츠인 농구·야구·배구 등을 청년 및 일반인을 대상으로 보급하였으며, 설립된 1906년에 신흥사에서 운동회를 개최하고 1등상으로 상패를 수여하였다. 이는 우리나라 운동회에서 수여된 메달로는 최초였다. 1905년에는 미국인 선교사 질레트(Gillet)가 황성기독교청년회 회원들에게 야구를 지도하였으며,1907년에는 농구가 질레트(Gillet)에 의해 보급되었다.

[해설] 운동회란 사람들이 모여 체육을 중심으로 한 경기나 놀이를 하는 모임을 말한다. 근대적 의미의 첫 운동회로는 1896년 영어학교 학생들이 평양의 삼선평으로 소풍을 가서 화류회라는 운동회를 열었다는 것이다. 이후 1897년 영어학교대운동회, 1898년 외국어학교연합운동회가 훈련원에서 열렸다. 종목은 주로 육상경기인 100·200·400보 경주, 멀리뛰기, 높이뛰기 그리고 씨름 등이었다.

[정답] ②

15 [2024. 2급]

[보기]의 활동을 주도한 체육사상가는?

- 체조 강습회 개최
- 체육활동의 저변 확대를 위해 대한국민체육회 창립
- 체육활동을 통한 애국심 고취를 위해 광무학당 설립

① 서재필
② 문일평
③ 김종상
④ 노백린

16 [2024. 2급]

일제강점기의 체육사적 사실에 관한 설명으로 옳지 않은 것은?

① 원산학사가 설립되었다.
② 체조 교수서가 편찬되었다.
③ 학교에서 체조가 필수과목이 되었다.
④ 황국신민체조가 학교 체육에 포함되었다.

해설 및 정답

[해설] 노백린은 일본유학 후 본국에 귀국해 무관학교 교장, 육군연성학교 교장 등 군 관계의 학교 및 군부의 요직에 앉아 당시 국권상실이라는 위기를 극복하기 위해 체조교사와 군인의 양성에 힘썼다.

그러나 1907년 7월 일본에 의해 군대가 해산되자 체육을 국민교육에 빼놓을 수 없다고 지적하고 나아가 당시 병식체조 중심의 체육을 비판하며 대한국민체육회를 설립했다. 또한 그는 부족한 체육교사를 충당하기 위해 체조강습회를 개최하여 각 학교의 교사를 대상으로 체조교사의 양성에 힘썼다.

그리고 광무학당을 설립해 학생들에게 체육사상을 고취하는 데도 앞장섰다.

[정답] ④

해설 및 정답

[해설] 1883년 원산학사는 민간인이 설립한 한국 최초의 근대학교로 배재학당보다 2년 앞서 설립되었다.

원산학사는 문예반(50명)과 무예반(200명)으로 운영되었다.

[정답] ①

17 [2024. 2급]

[보기]에서 일제강점기의 조선체육회에 관한 설명으로 옳은 것만을 모두 고른 것은?

> ⓐ 전조선축구대회를 창설하였다.
> ⓑ 조선체육협회에 강제로 흡수되었다.
> ⓒ 국내 운동가, 일본 유학자 출신자 등이 설립하였다.
> ⓓ 종합체육대회 성격의 전조선종합경기대회를 개최하였다.

① ⓐ, ⓑ
② ⓒ, ⓓ
③ ⓑ, ⓒ, ⓓ
④ ⓐ, ⓑ, ⓒ, ⓓ

해설 및 정답

[해설] 일제강점기는 1910년부터 1945년까지이다.

일본인 중심의 조선체육협회(1919)가 만들어지자 이에 대응하여 1920년에 조선체육회가 창립되었다. 조선체육회 설립에 동아일보 변봉현 기자가 조선체육기관의 필요성을 논함이라는 세 차례 논설을 통한 후원이 있었다.

전조선축구대회는 1921년부터 조선체육회가 개최했던 축구 대회이다. 1921년부터 전국 규모로 개최되었으며, 1940년에 제21회 대회를 마지막으로 폐지되었다.

전조선축구대회 초기에는 축구경기만을 대회로 치렀으나, 1934년 제15회부터 1937년 제18회 대회까지는 전조선종합경기대회(현 전국체육대회의 전신)의 일부로서 타 운동종목과 함께 개최되었다. 그러나 1937년 일제의 조선체육회의 강제 해산에 따라 전조선종합경기대회가 폐지되며 축구경기 역시 폐지의 위기에 몰린다.

이에 1938년부터는 조선축구협회가 이를 존속시키고자, 전조선종합축구선수권대회라는 명칭으로 축구경기만을 따로 주최하게 된다. 특히 조선축구협회는 조선체육회 주최의 전조선축구대회의 전통을 이어받는 뜻에서, 대회 횟수도 제19회로 명명한다. 그러나 이 역시 일제의 구기종목 금지령으로 3년 만에 폐지되었다.

[정답] ④

추가해설) [일제강점기 체육]

1910년 국권을 완전히 상실하면서 민족주의적 체육은 본격적으로 탄압을 받게 되고, 일제는 식민주의 체육을 확립하고자 하였다. 이 시기에 가장 활발하게 활동한 체육 단체는 황성 기독교 청년회였다. 기독교 단체라는 특성에 따라 일제의 간섭이 비교적 약하였기 때문에 기독교 청년회에서의 체육활동은 체육을 통한 민족 운동에서 큰 역할을 담당할 수 있었을 뿐만 아니라 근대 운동 경기의 보급에도 크게 공헌하였다.

1919년 3·1운동 이후 단체의 설립이 어느 정도 허용되었기 때문에, 조선체육회를 비롯한 전국적 체육 단체와 각종 경기 단체가 결성되었다. 관서 체육회도 민족 운동가인 조만식을 회장으로 하여 일제의 식민지 지배 정책에 저항하면서 성장하였다. 이 밖에도 기독교 청년회를 비롯한 청년 단체들이 체육단체를 결성하였고, 각 지방에서도 90여 개의 체육단체가 결성되어 체육 발전에 크게 기여하였다.

민족주의적 체육단체는 전통 경기의 보급 외에도 체육의 대중화에도 힘썼다. 체육의 대중적 보급은 대중 운동의 역량을 강화하였을 뿐만 아니라 근대 체육의 수용 계층을 확대하여 체육을 사회적으로 보편화시켰다.

체육이 활성화되자 각종 경기 종목에서 세계적인 수준에 도달하는 선수들이 나오기도 하였다.

대표적인 예가 1936년 8월 9일 베를린올림픽 마라톤 경기에서 손기정과 남승룡이 거둔 승리였다.

18 [2024. 2급]

[보기]의 괄호 안에 들어갈 일제강점기의 체육사상가는?

> [   ]은/는 체육 조선의 건설이라는 글에서 사회를 강하게 하는 것은 구성원의 힘을 강하게 하는 것이며, 그 방법은 교육이며, 여러 교육의 기초는 체육이라고 강조하였다.

① 박은식
② 조원희
③ 여운형
④ 이기

[해설] 독립운동가인 몽양 여운형은 중국 금릉대학을 졸업 후 상해로 건너가 1929년 복단(푸단) 대학 명예교수로 임명되어 체육을 가르쳤고 또한 중국 체육회의 종신회원이 되었다.

1932년 여운형은 조선중앙일보 사장에 취임 이후 각종 체육단체의 회장과 고문, 이사장에 추대되어 각종 경기대회의 주최, 후원을 통해 체육활동을 주도하며 조선체육의 발전에 공헌을 했다. 특히 1936년 베를린올림픽 마라톤 우승자 손기정 선수를 발굴한 후원자였다. 그러나 이후 손기정의 일장기 말살 사건으로 신문이 폐간되어 모든 자리에서 물러났다.

1945년 광복 이후 조선체육회(현 대한체육회) 초대회장과, 조선올림픽위원회(대한올림픽위원회 전신) 초대 위원장을 맡은 그는 대한민국 정부 수립 이전인 47년 6월 남한의 국제올림픽위원회 가입을 주도했다. 그의 활약 덕분에 우리나라 대표단은 48년 런던올림픽에 출전할 수 있었다.

[정답] ③

19 [2024. 2급]

대한민국 정부의 체육정책 담당 부처의 변천 순서가 옳은 것은?

① 체육부 - 문화체육관광부 - 문화체육부
② 체육부 - 문화체육부 - 문화체육관광부
③ 문화체육부 - 체육부 - 문화체육관광부
④ 문화체육부 - 문화체육관광부 - 체육부

[해설] 1982년 체육에 관한 사무를 관장하는 체육부가 신설되었다. 이후 1991년 체육청소년부로 개편되었다.

1993년 3월 문화부와 체육청소년부가 합쳐져서 문화체육부가 되었고, 1998년 2월 해외문화홍보, 관광 업무가 추가되면서 문화관광부로 바뀌었다.

2008년 2월 문화관광부, 국정홍보처, 정보통신부의 디지털콘텐츠 업무가 합쳐져서 지금의 문화체육관광부가 탄생했다.

[정답] ②

20 [2024. 2급]

[보기]는 국제대회에서 한국 여자 대표팀이 거둔 성과를 나타낸 것이다. [보기]의 ⓐ ~ ⓒ에 들어갈 종목이 바르게 제시된 것은?

[ⓐ] : 1973년 사라예보 세계선수권대회에서 단체전 우승 달성
[ⓑ] : 1976년 몬트리올 올림픽대회에서 구기 종목 사상 최초의 동메달 획득
[ⓒ] : 1988년 서울올림픽대회에서 당시 최강국을 이기고 금메달 획득

① ⓐ 배구 ⓑ 핸드볼 ⓒ 농구
② ⓐ 배구 ⓑ 농구 ⓒ 핸드볼
③ ⓐ 탁구 ⓑ 핸드볼 ⓒ 배구
④ ⓐ 탁구 ⓑ 배구 ⓒ 핸드볼

해설 및 정답

[해설]
[탁구] : 1973년 사라예보 세계선수권대회에서 단체전 우승 달성
[배구] : 1976년 몬트리올 올림픽대회에서 구기 종목 사상 최초의 동메달 획득
[핸드볼] : 1988년 서울올림픽대회에서 당시 최강국을 이기고 금메달 획득
[정답] ④

추가해설) 1973년 유고(현 보스니아 헤르체고비나) 사라예보 세계탁구선수권대회에서 정현숙, 박미라, 이에리사, 여자대표팀이 우승했다.
한국 구기종목 사상 첫 우승을 달성하였다.

(주의) 남북단일팀인 코리아 팀이 1991년 일본 지바 세계탁구선수권대회에서 여자 단체전이 우승했다.
1976년 몬트리올 올림픽에서 여자 배구팀은 한국 구기종목 사상 첫 번째 올림픽 메달을 획득하였다.

2급 스포츠지도사
한국체육사
기출문제해설

01 [2023. 2급]

체육사 연구에서 사관(史觀)에 관한 설명으로 적절하지 않은 것은?

① 유물사관, 관념사관, 진보사관, 순환사관 등이 있다.
② 체육 역사에 대한 견해, 해석, 관념, 사상 등을 의미한다.
③ 체육 역사가의 관점으로 다양한 과거의 역사적 사실을 해석한다.
④ 과거 체육과 관련된 사실을 담고 있는 역사 자료를 의미한다.

[해설] 사관이란 역사적 사실을 어떤 기준과 가치관에 따라 역사를 해석하고 역사를 서술하는 태도를 말한다. 따라서 같은 사건·사실이라 하더라도 역사가의 사관에 따라 다양한 의미를 가질 수 있다.
과거 체육과 관련된 사실을 담고 있는 역사 자료는 사료를 말한다.
[정답] ④

02 [2023. 2급]

[보기]의 ⓐ ~ ⓒ에 들어갈 용어가 바르게 연결된 것은? (단, 시대구분은 나현성의 방식을 따름)

- [ⓐ] 이전은 무예를 중심으로 한 무사 체육 등의 [ⓑ] 체육을 강조하였다.
- [ⓐ] 이후는 교육입국조서를 통한 학교교육에 기반을 둔 [ⓒ] 체육을 강조하였다.

　　　　　　ⓐ　　　　　　ⓑ　　ⓒ
① 갑오경장(1894)　전통　근대
② 갑오경장(1894)　근대　전통
③ 을사늑약(1905)　전통　근대
④ 을사늑약(1905)　근대　전통

[해설] 한국체육사를 시대적으로 크게 양분한다면 갑오경장(갑오개혁, 1894)을 기점으로 전통체육과 근대체육으로 구분한다. 전통체육은 원시부족사회부터 삼국시대, 고려시대 등을 거쳐 1894년 갑오경장(갑오개혁) 이전의 조선시대까지이다. 이 당시 체육은 수렵, 민속놀이 등 신체활동이 생계 및 주술적 목적과 결합 되었으며, 또한 무사·무예를 중심으로 한 무사·무예 체육시대라 할 수 있다.
근대체육은 외국과의 교류가 증가하면서 서구의 체육이 도입되기 시작하였으며 갑오경장(갑오개혁) 이후는 교육입국조서를 통한 학교교육에 기반을 둔 근대체육을 강조하였다. 일제강점기를 거쳐 광복 이후에는 한국의 체육은 스포츠의 제도화, 전문화, 국제화를 통해 발전하였다.
[정답] ①

03 [2023. 2급]

[보기]에서 설명하는 민속놀이는?

> • 사희(柶戱)라고도 불리었다.
> • 부여의 사출도라는 관직명에서 유래되었다.
> • 남녀노소 누구나 즐길 수 있으며, 장소에 크게 구애받지 않은 놀이였다.

① 바둑
② 장기
③ 윷놀이
④ 주사위

[해설] 윷의 유래와 역사를 정확히 알 수 없지만 윷놀이는 제천의식과 관련된 대표적 민속놀이다.

역사학자 신채호는 윷놀이는 부여에서 시작된 놀이이며 윷놀이의 유래는 부여의 지배체제인 사출도에서 그 유래를 찾았다.

윷놀이는 저포, 사희, 척사, 척사희 등으로 불리었다. 이러한 윷놀이는 보통 정월 초하루부터 대보름까지 즐겼다.

[정답] ③

04 [2023. 2급]

화랑도에 관한 설명으로 옳지 않은 것은?

① 진흥왕 때에 조직이 체계화되었다.
② 세속오계는 도의교육의 핵심이었다.
③ 신체미 숭배사상, 국가주의 사상, 불국토 사상이 중시되었다.
④ 서민층만을 대상으로 한 청소년단체로서 문무겸전을 추구하였다.

[해설] 화랑도란 신라에 있었던 화랑과 그를 따르는 낭도로 구성된 청소년 집단을 말한다.

화랑도라는 용어는 현대에 일반화된 용어이고 당시에는 풍월도, 풍류도, 국선도, 원화도라고 불리었으며, 이러한 화랑도는 한국의 전통사상과 세속오계를 근간으로 두고 단체생활을 통해 심신을 연마하였는데 특히, 세속오계는 화랑도 도의교육의 핵심이었다.

화랑도의 사상은 조화로운 인간향을 지향하는 심신일원론 사상, 신체미 숭배사상, 국가주의 사상, 불국토 사상이 중시되었다. 즉, 화랑도는 전통사상, 유교, 불교, 도교의 종교적 이념을 함축하였다.

화랑도는 명산대천을 두루 돌아다니는 편력, 입산수행, 주행천하 등의 활동을 하였다.

신라 진흥왕은 국가발전을 위한 인재를 양성하기 위하여 종래의 화랑도를 국가적인 조직으로 체계화하였다.

[정답] ④

05 [2023. 2급]

[보기]에서 설명하는 신체활동은?

> • 가죽 주머니로 공을 만들어 발로 차는 놀이이다.
> • 한 명, 두 명, 열 명 등 다양한 형식으로 실시되었다.
> • 삼국사기와 삼국유사에 따르면 김유신과 김춘추가 이 신체활동을 하였다.

① 석전
② 축국
③ 각저
④ 도판희

06 [2023. 2급]

[보기]에서 민속놀이와 주요 활동 계층이 바르게 연결된 것으로만 묶인 것은?

> ⓐ 풍연 - 귀족   ⓑ 격구 - 서민
> ⓒ 방응 - 귀족   ⓓ 추천 - 서민

① ⓐ, ⓑ
② ⓒ, ⓓ
③ ⓐ, ⓓ
④ ⓑ, ⓒ

[해설] 축국은 가죽 주머니로 공을 만들어 쌀겨나 털 또는 공기를 넣어 발로 차던 민속놀이이다.

오늘날의 축구와 같은 것으로 일명 농주 또는 기구라고도 불린다.

삼국사기와 삼국유사 등 기록에 따르면 '김유신이 춘추공(김춘추)과 축국을 하다가 춘추의 옷끈을 밟아 떨어뜨렸다.'라는 기록으로 볼 때, 삼국시대부터 행해졌음을 알 수 있다.

[정답] ②

[해설] 풍연은 연날리기로 서민놀이였다. 격구는 말 위에서 장시라는 긴 채를 이용해 공을 쳐서 상대의 구문에 넣어 승부를 겨루는 놀이로 고려 초기에는 왕과 왕족 중심으로, 중기에는 무신 중심으로 이루어졌다.

방응은 고려시대에 성행한 매사냥으로 귀족 체육의 일종이이었으며, 추천은 그네타기를 말한다.

[정답] ②

07 [2023. 2급]

고려시대 수박에 관한 설명으로 옳지 않은 것은?

① 관람형 무예 경기로 성행되었다.

② 응방도감에서 관장하였다.

③ 무인 선발의 기준과 수단이 되었다.

④ 무예 수련과 군사훈련 등의 목적으로 활용되었다.

08 [2023. 2급]

[보기]에서 조선시대의 훈련원에 관한 설명으로 옳은 것을 모두 고른 것은?

> ⓐ 성리학 교육을 담당하였다.
> ⓑ 활쏘기, 마상무예 등의 훈련을 실시하였다.
> ⓒ 무인 양성과 관련된 공식적인 교육기관이었다.
> ⓓ 무경칠서, 병장설 등의 병서 습득을 장려하였다.

① ⓐ, ⓑ

② ⓒ, ⓓ

③ ⓑ, ⓒ, ⓓ

④ ⓐ, ⓑ, ⓒ, ⓓ

[해설] 수박은 무용총 등 고구려 무덤 벽화 그려져 있어 삼국시대에 이미 유행했으리라고 추정한다. 수박은 고려시대에도 수박은 매우 중요한 무예로 여겨져 무사들은 반드시 익혀야 하였으며 무인 선발의 기준과 수단이자 무예 수련과 군사훈련 등의 목적으로 활용되었다. 또한 기록에 의하면 고려 의종이 보현사서 무사들의 수박경기를 구경한 기록이 있는 것으로 보아 관람형 무예 경기로 성행되었다는 것을 알 수 있다.
응방도감은 방응을 전담하다던 관청이었다.
[정답] ②

[해설] 훈련원은 무인 양성과 관련된 공식적인 교육기관이었다. 이러한 훈련원이 하는 임무는 첫째, 무과(武科)를 주관하는 일을 하였으며, 둘째, 병서들을 습득하는 걸 포함해 훈련원이 군사력의 유지·발전을 위해 활쏘기, 마상무예 등의 훈련을 실시하였다.
[정답] ③

09 [2023. 2급]

조선시대 궁술(弓術)에 관한 설명으로 옳지 않은 것은?

① 육예 중 어(御)에 해당한다.

② 무관 선발을 위한 무과 시험의 한 과목이다.

③ 대사례, 향사례 등으로 행해졌다.

④ 왕, 무관, 유학자 등 다양한 계층에서 실시하였다.

10 [2023. 2급]

[보기]에서 설명하는 조선시대의 무예서는?

- 24종류의 무예가 기록되어 있다.
- 정조의 명령하에 국가사업으로 간행되었다.
- 한국, 중국, 일본의 관련 문헌 145권이 참조되었다.

① 무예제보

② 무예신보

③ 무예도보통지

④ 무예제보번역속집

[해설] 육예(六藝)는 인재가 갖춰야 할 덕목으로 예(禮:예법)·악(樂:노래와 악기)·사(射:활쏘기)·어(御:말타기)·서(書:글)·수(數:셈하기) 여섯 종류의 기술이다.

육예 중 어(御)는 짐승을 길들이다 다스린다는 뜻으로 말타기를 의미한다.

육예 중 사(射)는 궁술 사로 활쏘는 법을 의미한다.

궁술은 왕, 무관, 유학자 등 다양한 계층에서 실시하였다. 조선은 유교적 윤리를 보급하고 군신 및 사대부의 친목도모를 위한 예사(禮射) 즉, 사례(射禮)를 열었는데 사례는 중앙의 대사례와 지방의 향사례로 나누어 실시되었다. 또한 마을과 마을 사이 활터와 활터 사이의 경기적 성격이 강한 편사라는 궁술시합이 열렸다.

[정답] ①

[해설] 무예도보통지는 조선시대 군용 무술 교본으로 무예에 대한 그림과 해설(도보) 종합서적(통지)을 말한다. 무예도보통지는 이덕무, 박제가, 백동수 등이 정조의 명을 받고 편찬하였다. 무예도보통지는 모두 24가지 무예를 4권으로 나누어 다루고 있으며, 무예만 있는 것이 아니라 무기 만드는 법, 무기의 형상 비교와 무기의 규격 등이 기록되어 있다. 한국 중국 일본의 관련 문헌 145권이 참조되었다.

[정답] ③

11 [2023. 2급]

[보기]에서 설명하는 개화기 민족사립학교는?

> • 1907년에 이승훈이 설립하였다.
> • 대운동회를 매년 1회 실시하였다.
> • 체육은 주로 군사훈련의 성격을 띠었다.

① 오산학교
② 대성학교
③ 원산학사
④ 숭실학교

12 [2023. 2급]

개화기의 체육사적 사실에 관한 설명으로 옳은 것은?

① 동래무예학교는 문예반 50명, 무예반 200명을 선발하였다.
② 개화기 최초의 운동회는 일본인 학교에서 주관한 화류화였다.
③ 양반들이 주도하여 배재학당, 이화학당, 경신학당 등 미션스쿨을 설립하였다.
④ 고종은 교육입국조서를 반포하고, 덕양, 체양, 지양을 강조하였다.

해설 및 정답

[해설] 교육입국조서는 1895년 고종이 발표한 교육에 관한 문서이다. 교육입국조서는 고종이 교육을 통하여 입국의 의지를 밝힌 것으로, 근대식 학교교육제도를 성립시킬 수 있는 기점을 마련하였다. 특히 이 조서에서 교육의 3대 강령으로 덕양과 체양, 지양을 강조함으로써 체육을 교육의 중요한 영역으로 인정하였다.

[정답] ④

추가해설1) 1883년 원산학사는 민간인이 설립한 한국 최초의 근대학교로 배재학당보다 2년 앞서 설립되었다. 함경남도 원산은 개항과 동시에 1880년에 일본인 거류지가 만들어지고 일본 상인의 활동이 시작되자 원산 주민들은 일본 상인의 침투에 대한 대응책을 세워야 할 것을 절감하였고 원산주민과 부사 정현석이 협력하여 원산학사를 설립하였다. 원산학사는 문예반(50명)과 무예반(200명)으로 운영되었다. 특히, 무예반을 둔 것은 동래무예학교의 영향을 받은 것이고 또한 무예반의 비중이 문예반에 비해 컸다는 점에서 무비자강을 지향했다고 할 수 있다. 원산학사는 평민도 입학이 가능했으며 무예반의 교육과정으로 전통무예·병서·사격을 가르쳤다.

추가해설2) 배재학당(1885), 이화학당(1886), 경신학교(언더우드 학당, 1886)는 기독교학교이다. 우리나라의 최초의 운동회는 1896년 영어학교에서 평양 삼선평으로 소풍을 가서 영국인 교사 허치슨의 지도 아래 화류회(花柳會)라는 운동회를 열었던 것이 시초가 된다.

해설 및 정답

[해설] 1907년 남강 이승훈이 평안북도 정주에 나라를 바로 세우기 위해서는 민족교육과 신교육이 최우선이라는 교육구국·교육입국의 신념으로 오산학교를 세웠다. 오산학교는 육군연성학교 출신 군인을 교사로 초빙해 체조와 교련을 교육하였다.

[정답] ①

13 [2023. 2급]

개화기의 체육단체에 관한 설명으로 옳은 것은?

① 청강체육부 : 탁지부 관리들이 친목도모를 위해 1902년에 조직하였고, 최초로 연식정구를 도입하였다.

② 회동구락부 : 최성희, 신완식 등이 1910년에 조직하였고, 정례적으로 축구 시합을 하였다.

③ 무도기계체육부 : 우리나라 최초의 기계체조 단체로서 이희두와 윤치오가 1908년에 조직하였다.

④ 대동체육구락부 : 체조교사인 조원희, 김성집, 이기동 등이 주축이 되어 보성중학교에서 1909년에 조직하였고, 병식체조를 강조하였다.

[해설] 무도기계체육부는 육군연성학교 교장 이희두와 학무국장 윤치오에 의해 조직된 단체로 무도기계체육부는 우리나라 최초의 기계체조 단체이며, 우리나라 최초의 체조단체라고 볼 수 있다. 또한 군인체육기관의 시초라 할 수 있다. 무도기계체육부는 승마, 유술, 격검(검도), 습사(궁도의 연습) 등을 행하였다.

[정답] ③

추가해설)

ⅰ) 회동구락부(1908)는 탁지부의 조선인 관료와 일본인 간에 조직된 사교단체이다. 회동구락부에서 최초로 연식정구를 도입하였으며 직장체육의 시초였다.

> 구락부는 클럽(club)의 일본식 음역어이다.
> 테니스의 한자식 표기를 정구라고 하며 일본은 테니스를 변형한 소프트테니스(연식정구) 만들었다. 일본의 소프트테니스(연식정구)와 구분해서 테니스를 경식정구라고도 한다.

ⅱ) 청강체육부(1910)는 중동학교 재학생인 최성희, 성희, 신완식 등이 조직한 단체로 매수 수요일·일요일에 축구를 시합하였다. 이는 우리나라 최초의 교내 체육단체 활동이었다.

ⅲ) 체조연구회(1909)는 학교체조교사들이었던 조원희·김성집·이기동 등이 중심이 되어 보성중학교에서 조직되었다. 체조연구회는 학생들의 체력단련의 효과적인 방법을 연구하고 병식체조를 학교체육에 적합하게 반영하도록 시도하였다. 그중 조원희는 체조도입기로부터 약 10여 년 동안 학교체육의 주류를 이루고 있던 병식체조가 아동의 신체발육에 이롭지 못한 점을 간파하여, 1910년에 신편유희법이라는 신식체조서를 발간, 일반학생에게 널리 보급시켜 초기 체조의 발전에 크게 이바지하였다.

ⅳ) 대동체육구락부(1908)는 평양에 설립된 단체로 사회진화론적 자강론에 입각하여 체육의 가치를 국가의 부강과 존폐의 근간이 되는 요인으로 인식하고 국민의 체육을 진흥시켜 나라를 회복하고자 조직한 단체였으나 구체적인 업적을 남기지는 못하였다.

14 [2023. 2급]

일제강점기 체육에 관한 사실로 옳지 않은 것은?

① 박승필은 1912년에 유각권구락부를 설립해 권투
   를 지도하였다.
② 조선체육협회는 1920년 동아일보사 후원으로 설
   립되었다.
③ 서상천은 1926년에 일본체육회 체조학교를 졸업
   하고, 역도를 소개하였다.
④ 손기정은 1936년에 베를린올림픽에서 마라톤 종
   목에서 우승하였다.

[해설] 일본인 중심의 조선체육협회(1919)가 만들어지자 이에 대응하여 1920년에 조선체육회가 창립되었다. 조선체육회 설립에 동아일보 변봉현 기자가 '조선체육기관의 필요성을 논함'이라는 세 차례 논설을 통한 후원이 있었다.

[정답] 최초정답 ② 이후 ③도 복수정답 인정(1923년 체조학교 졸업)

15 [2023. 2급]

[보기]에서 설명하는 단체는?

> • 외국인 선교사가 근대 스포츠인 야구, 농구, 배구를 도입하였다.
> • 1916년에 실내체육관을 준공하여, 다양한 실내 스포츠를 활성화하였다.

① 황성기독교청년회
② 대한체육구락부
③ 조선체육회
④ 조선체육협회

[해설] 황성기독교청년회(1903)는 미국인 선교사 질레트가 1903년에 황성기독교청년회를 결성하였고 계몽운동·체육지도·농촌운동 등을 전개하였다.

황성기독교청년회·운동부(1905)는 아서 터너와 질레트를 중심으로 근대적 스포츠인 농구·야구·배구 등을 청년 및 일반인을 대상으로 보급하였으며, 설립된 1906년에 신흥사에서 운동회를 개최하고 1등상으로 상패를 수여하였다. 이는 우리나라 운동회에서 수여된 메달로는 최초였다.

1905년에는 미국인 선교사 질레트(Gillet)가 황성기독교청년회 회원들에게 야구를 지도하였으며, 1907년에는 농구가 질레트(Gillet)에 의해 보급되었다.

이렇듯 황성기독교청년회운동부는 우리나라 근대 스포츠 발전의 효시가 되었다.

대한체육구락부(1906)는 황성기독교청년회운동부(1906)보다 앞서 설립된 우리나라 최초로 조직된 근대적 체육단체이다. 현양운·한상우 등 30명이 결성하였으며, 축구·높이뛰기·씨름 등 스포츠를 보급하고 지도하였다.

[정답] ①

16 [2023. 2급]

[보기]에서 박정희 정부 때 실시한 체력장 지도에 관한 설명으로 옳은 것을 모두 고른 것은?

> ⓐ 1971년부터 실시되었다.
> ⓑ 1973년부터는 대학입시에 체력장 평가가 포함되었다.
> ⓒ 국제체력검사표준회위원회에서 정한 기준과 종목을 대상으로 하였다.
> ⓓ 시행종목에는 100m 달리기, 제자리멀리뛰기, 팔굽혀 매달리기(여자), 턱걸이(남자), 윗몸일으키기, 던지기가 있었다.

① ⓐ, ⓑ
② ⓒ, ⓓ
③ ⓐ, ⓑ, ⓒ
④ ⓐ, ⓑ, ⓒ, ⓓ

17 [2023. 2급]

[보기]에서 설명하는 스포츠 경기종목은?

> • 1988년 서울올림픽경대회에서 시범종목으로 채택되었다.
> • 2000년 시드니올림픽대회에서 정식종목으로 채택되었다.
> • 2007년에 정부는 이 종목을 진흥하기 위한 법률을 제정하였다.

① 유도
② 복싱
③ 태권도
④ 레슬링

해설 및 정답

[해설] 1966년 전국체육대회에서 박정희 대통령은 "강인한 체력은 바로 국력이다"라는 언급을 통해 체력은 국력이라는 말이 전 국민에게 홍보되었다. 이후 1971년 박정희 정부는 초등학교 5학년 학생부터 고등학교 3학년 학생까지 대상으로 체력장을 시행하였고 1972년 상급학교 진학 시험에 반영되기 시작했다. 체력장 종목은 국가체력검사표준위원회에서 정한 기준과 종목을 대상으로 하였다. 초기 체력장은 윗몸일으키기, 왕복달리기, 턱걸이, 던지기 등 8종목이었으나 이후 1979년에 100m 달리기, 제자리멀리뛰기, 팔굽혀 매달리기(여자), 턱걸이(남자), 윗몸일으키기, 던지기 6개 종목으로 축소했다.

정치권의 민주화가 오면서 체력장이 군사정권의 산물이기에 청산되어야 한다는 주장이 나왔으며 1990년 체력장을 치르던 고교생 3명이 사망하면서 체력장의 사회적 이슈가 대두되었다.

이후 정부는 대학입시에서는 1994학년도부터, 고교입시에서는 1995년에 체력장을 폐지하였다.

[정답] ④

해설 및 정답

[해설] 태권도 진흥 및 태권도 조성 등에 관한 법률이 2007년에 제정되었다.

[정답] ③

18 [2023. 2급]

1948년 제5회 동계올림픽경기대회에 관한 설명으로 옳지 않은 것은?

① 개최지는 스위스 생모리츠였다.
② 제2차 세계대전을 일으킨 독일과 일본도 출전을 하였다.
③ 광복 이후 최초로 태극기를 단 선수단이 파견되었다.
④ 이효창, 문동성, 이종국 선수는 스피드스케이팅 종목에 출전하였다.

19 [2023. 2급]

대한민국에서 개최된 하계 아시아경기대회가 아닌 것은?

① 1986년 서울아시아경기대회
② 2002년 부산아시아경기대회
③ 2014년 인천아시아경기대회
④ 2018년 평창아시아경기대회

[해설] 스위스 생모리츠 동계올림픽은 1948년 1월에 열려 한국이 광복 후 처음 출전한 국제대회이다. 한국은 'KOREA'라는 이름과 태극기를 내건 첫 국제대회이다. 이 대회에는 제2차 세계대전의 전범국인 독일과 일본은 출전하지 못하였다. 대한민국은 스피드스케이팅 단 1개 종목에 이종국·이효창·문동성 3명이 참가하였는데 대회 도중 문동성 선수가 노르웨이 선수와 부딪혀 부상을 입어 최용진 감독이 선수로 출전을 하여 선수로 참가하였다.

[정답] 최초정답 ② 이후 ④도 복수정답 인정

[해설] 아시아경기대회(아시안게임)는 한국에서 1988년 서울, 2002년 부산, 2014년 인천에서 열렸고 2018년에는 평창동계올림픽경기대회가 개최되었다.

[정답] ④

20 [2023. 2급]

1991년에 남한과 북한이 단일팀으로 탁구 종목에 참가한 국제경기대회는?

① 제41회 지바세계선수권대회
② 제27회 시드니올림픽경기대회
③ 제28회 아테네올림픽경기대회
④ 제6회 포르투갈세계청소년선수권대회

[해설] 1991년 4월 지바 세계 탁구 선수권 대회(여자단체전 우승)와 1991년 6월 포르투갈 세계 청소년 축구 선수권 대회(8강 진출)에서 분단 이후 최초의 남북 단일팀 출전
[정답] ①

01 [2022.2급]

체육사에 관한 설명으로 옳지 않은 것은?

① 연구대상은 시간, 인간, 공간 등이 고려된다.
② 체육과 스포츠를 역사적 방법으로 연구하는 학문
　이다.
③ 연구내용은 스포츠문화사, 전통스포츠사 등을 포
　함한다.
④ 체육과 스포츠의 도덕적 가치판단에 대한 근거를
　탐구한다.

[해설] 체육사는 체육과 스포츠의 관련성을 역사적 방법으로 연
구하는 학문이다. 체육과 스포츠의 도덕적 가치판단에 관하여
탐구는 스포츠윤리에 대한 설명이다.

[정답] ④

02 [2022.2급]

[보기]에서 체육사 연구의 사료(使料)에 관한 설명으로
옳은 것만을 모두 고른 것은?

> ⓐ 기록 사료는 문헌 사료와 구전사료가 있다.
> ⓑ 물적 사료는 물질적 유산인 유물과 유적이 있다.
> ⓒ 기록사료 중 민요, 전설, 시가, 회고담 등은 문헌
> 　사료이다.
> ⓓ 전통적인 분류 방식에 따르면, 물적 사료와 기록
> 　사료로 구분된다.

① ⓐ, ⓑ
② ⓑ, ⓒ
③ ⓐ, ⓑ, ⓓ
④ ⓑ, ⓒ, ⓓ

[해설] 사료는 과거가 남긴 흔적이다. 즉 유물, 유적, 기록 등이 사
료이다.

사료의 전통적 분류 방식은 물적사료와 기록사료로 분류된다.

물적사료	유물·유적·유골
기록사료	고문서·석판·민요·시가

기록사료는 다시 문헌사료와 구전사료로 분류된다.

문헌사료	석판·고문서·문서·회고록
구전사료	민요·전설·시가·회고담

[정답] ③

부족국가와 삼국시대의 신체활동이 포함된 제천의식에 관한 설명으로 옳지 않은 것은?

① 신라 - 가배
② 부여 - 동맹
③ 동예 - 무천
④ 마한 - 10월제

[보기]에서 화랑도에 관한 설명으로 옳은 것만을 모두 고른 것은?

> ⓐ 법흥왕 때에 종래 화랑도 제도를 개편하여 체계화하였다.
> ⓑ 한국의 전통사상과 세속오계를 근간으로 두었다.
> ⓒ 국선도, 풍류도, 원화도라고 불리었다.
> ⓓ 편력, 입산수행, 주행천하 등의 활동을 했다.

① ⓐ, ⓑ
② ⓑ, ⓒ
③ ⓐ, ⓑ, ⓓ
④ ⓑ, ⓒ, ⓓ

해설 및 정답

[해설] 부여의 제천행사는 영고(12월)이다. 놀이는 즐거움을 얻기 위하여 수행하는 신체적이거나 정신적인 활동이다. 개인의 놀이를 넘어 집단 구성원이 함께 즐기는 놀이가 축제이며, 전통사회에서 제천행사는 다양한 놀이가 펼쳐진 대표적인 축제였다.

부여	영고(12월)
고구려	동맹(10월)
동예	무천(10월)
삼한 (마한, 변한, 진한)	수릿날(5월) 시월제(10월) 또는 계절제
신라	가배(8월)

[정답] ②

해설 및 정답

[해설] 화랑도란 신라에 있었던 화랑과 그를 따르는 낭도로 구성된 청소년 집단을 말한다.

화랑도라는 용어는 현대에 일반화된 용어이고 당시에는 풍월도, 풍류도, 국선도, 원화도라고 불리었으며, 이러한 화랑도는 한국의 전통사상과 세속오계를 근간으로 두고 단체생활을 통해 심신을 연마하였는데 특히, 원광의 세속오계는 화랑도 도의교육의 핵심이었다.

화랑도의 사상은 조화로운 인간향을 지향하는 심신일원론 사상, 신체미 숭배사상, 국가주의 사상, 불국토 사상이 중시되었다. 즉, 화랑도는 전통사상, 유교, 불교, 도교의 종교적 이념을 함축하였다.

화랑도는 명산대천을 두루 돌아다니는 편력, 입산수행, 주행천하 등의 활동을 하였다.

신라 진흥왕은 국가발전을 위한 인재를 양성하기 위하여 종래의 화랑도를 국가적인 조직으로 체계화하였다.

[정답] ④

05 [2022.2급]

[보기]의 ⓐ에 해당하는 용어는?

구당서(舊唐書)에 따르면, "고구려 풍속은 책 읽기를 좋아하며, 허름한 서민의 집에 이르기까지 거리에 큰 집을 지어 이를 [ⓐ]이라고 하고, 미혼의 자제들이 여기에서 밤낮으로 독서하고 활쏘기를 익힌다"라고 되어 있다.

---

① 태학
② 경당
③ 향교
④ 학당

06 [2022.2급]

고려시대의 무학(武學)전문 강좌인 강예재(講藝齋)가 개설된 교육기관은?

① 국자감(國子監)
② 성균관(成均館)
③ 응방도감(鷹坊都監)
④ 오부학당(五部學堂)

해설 및 정답

[해설] 경당은 고구려의 교육기관이다. 신라의 화랑도와 같은 청소년조직을 개편하여 설립된 기관으로서 왕도 및 지방의 주요 도시에 소재하였다. 경당에서는 하급 귀족으로부터 상층민 이상의 미혼 자제가 수학하였다. 경당에 참여하였던 고구려의 청년들은 유학 경전을 읽고 활쏘기 등 군사훈련을 받았다.

[정답] ②

해설 및 정답

[해설] 고려 성종은 오늘날 국립대학 격인 국자감을 설치하였는데 당시 국자감에는 유학부만 존재하였다. 이후 고려 예종은 국자감에 전문강좌인 7재를 개설하였는데 예종이 개설한 7재는 여택재, 대빙재 등 유학 경전을 가르친 6재와 무학을 가르친 강예재가 있었다.

[정답] ①

07 [2022.2급]

[보기]에서 고려시대 무예의 특징으로 옳은 것만을 모두 고른 것은?

> ⓐ 격구(擊毬)는 군사훈련의 수단이었다.
> ⓑ 수박희(手搏戲)는 무인 인재 선발의 중요한 방법이었다.
> ⓒ 마술(馬術)은 육예(六藝) 중 어(御)에 속하며, 군자의 중요한 덕목 중 하나였다.
> ⓓ 궁술(弓術)은 문인과 무인의 심신 수양과 인격 도야의 방법으로 중시되었다.

① ⓐ
② ⓑ, ⓒ
③ ⓑ, ⓒ, ⓓ
④ ⓐ, ⓑ, ⓒ, ⓓ

해설 및 정답

[해설] 유교적 소양을 제대로 갖춘 선비라면 육예(6가지 기예)를 기본적으로 익혔다. 6예는 예(禮), 악(樂), 사(射), 어(御), 서(書), 수(數)이며, 이는 각각 예학(예법), 악학(음악), 궁술(활쏘기), 마술(말타기 또는 마차몰기), 서예(붓글씨), 산학(수학)에 해당한다고 여겨진다.

[정답] ④

08 [2022.2급]

조선시대 무과제도에 관한 설명으로 옳지 않은 것은?

① 초시, 복시, 전시 3단계로 실시되었다.
② 무과는 강서와 무예 시험으로 구성되었다.
③ 증광시, 별시, 정시는 비정규적으로 실시되었다.
④ 선발 정원은 제한이 없었으며, 누구나 응시할 수 있었다.

해설 및 정답

[해설] 무과시험은 궁술(활), 마술(말타기), 총술(총), 강서(병서 및 유교경전)를 시험 보았다.

이러한 무과시험은 소과(예비시험)와 대과(본시험)로 이루어진 문과시험과 달리 무과는 소과, 대과 구분 없이 단일과로 실시되었다. 초시, 복시, 전시 3단계를 거쳐 28명을 선발하였다.

조선시대 무과제도는 문과와 마찬가지로 3년에 한 번씩 정규적으로 실시되는 식년무과가 있었으며, 그 밖에 임시로 특설되는 증광시, 별시, 알성시, 정시, 춘당대시 등 각종 비정규 무과가 있었다. 다만, 숙종 때는 정시에서는 1만 8251인을 뽑아 이른바 만과(萬科)라는 명칭을 낳기도 하였다.

무과제도의 응시자격은 크게 완화되어 서자, 천인들도 면천(免賤)이라는 절차를 밟아 얼마든지 응시할 수 있었다.

[정답] ④

09 [2022.2급]

[보기]에 해당하는 신체활동은?

> - 군사훈련의 성격을 지니고 실시된 무예활동
> - 조선시대 왕이나 양반 또는 대중에게 볼거리 제공
> - 나라의 풍속으로 단오절이나 명절에 행해졌던 활동
> - 승부를 결정짓는 놀이로서 신체적 탁월성을 추구하는 경쟁적 활동

① 투호
② 저포
③ 석전
④ 위기

해설 및 정답

[해설] 석전은 단오절이나 명절에 사람들이 두 편으로 나뉘어 서로 돌팔매질을 하여 승부를 겨루던 돌던지기 놀이이다. 이러한 석전은 편전, 편쌈이라고도 하였다.

석전은 삼국시대부터 시작되어 고려와 조선 초기에는 더욱 성행하였다. 석전은 전쟁에 대비하는 전투적 놀이, 전쟁 실전 연습의 무예활동이었다.

석투군, 척석군 등 석전 전문 군대가 있었다. 양반 또는 대중에게 볼거리를 제공하는 관람스포츠의 형태를 지니기도 했다.

[정답] ③

10 [2022.2급]

[보기]에서 조선시대 체육사상에 관한 설명으로 옳은 것만을 모두 고른 것은?

> ⓐ 유교의 영향으로 숭문천무 사상이 만연했다.
> ⓑ 심신 수련으로 활쏘기가 중시되었고, 학사 사상이 강조되었다.
> ⓒ 활쏘기를 통해서 문무겸전 혹은 문무겸일에 도달하고자 했다.
> ⓓ 국토순례를 통해 조선에 대한 애국심을 가지게 하는 불국토사상이 중시되었다.

① ⓐ, ⓑ
② ⓑ, ⓒ
③ ⓐ, ⓑ, ⓒ
④ ⓑ, ⓒ, ⓓ

해설 및 정답

[해설] 조선시대는 유교의 영향으로 숭문천무 사상이 있었으나 심신수련으로 활쏘기 중시하여 활쏘기를 배우는 학사 사상이 강조되었다. 이러한 활쏘기를 통해 문과 무 양자 모두 뛰어난 문무겸전, 문무겸일, 문무양도에 도달하고자 하였다. 국토순례를 통해 애국심을 가지게 하는 불국토사상은 신라에 관한 내용이다. 신라의 불국토사상은 호국불교 사상과 결합되어 삼국통일의 밑거름이 되었다.

[정답] ③

추가해설) 유교사회였던 조선왕조는 육례(六禮) 가운데 하나인 활쏘기를 선비들에게 장려하는 한편, 태종 때부터는 활쏘기 연마를 위해 궁궐 안에 사정(射亭·활터)을 설치하고, 도성 내에는 사청(射廳)을 두었다. 또한 무과를 비롯한 각종 무관 시험에서 활쏘기를 크게 강조하였다. 특히 무과에서 활쏘기가 큰 비중을 차지한 것은 민간에서의 활쏘기 대회가 성행하는 배경이 되었다. 서울과 지방에 점차 많은 사정(활터)이 생기기 시작하여 전국에 확산되었다. 그리하여 민간 사정을 중심으로 편사라고 불리는 활쏘기대회가 성행하였다. 무예 연마와 심신 수련을 위한 활쏘기대회가 총포의 등장으로 점차 여가 수단으로 발전해 나갔다.

11 [2022.2급]

일제강점기에 설립된 체육 단체가 아닌 것은?

① 대한국민체육회
② 관서체육회
③ 조선체육협회
④ 조선체육회

[해설] 대한국민체육회는 일제강점기 이전인 1907년 10월 노백린에 의해 결성된 체육단체이다. 체육을 발전시켜 국민교육의 올바른 방향을 제시하고자 하였다.
조선체육협회(1919, 일본인 중심의 체육단체), 조선체육회(1920), 관서체육회(1924)
[정답] ①

12 [2022.2급]

[보기]의 ⓐ, ⓑ에 해당하는 여성 스포츠인이 바르게 연결된 것은?

- 박봉식은 1948년 런던올림픽경기대회에 출전한 첫 여성 원반던지기 선수
- [ⓐ]은/는 1967년 세계여자농구선수권대회에 출전해 최우수선수로 선정
- [ⓑ]은/는 2010년 밴쿠버동계올림픽경기대회에 출전해 피겨스케이팅 금메달 획득

① ⓐ 박신자　ⓑ 김연아
② ⓐ 김옥자　ⓑ 김연아
③ ⓐ 박신자　ⓑ 김옥자
④ ⓐ 김옥자　ⓑ 박신자

[해설] 박봉식은 1948년 런던올림픽경기대회 여자 원반던지기 종목에 참여하게 되면서 대한민국 올림픽 역사상 최초의 출전 여성이 되었다.
박신자는 대한민국 농구선수이자이자 지도자이다. 1967년 프라하에서 열린 세계여자농구선수권대회에 출전해 2위를 기록하였고 최우수선수로 선정되었으며 2020년 아시아 최초로 FIBA 농구 명예의 전당 선수 부문에 헌액되었다.
김연아는 2010년 밴쿠버동계올림픽경기대회에 출전해 피겨스케이팅 금메달 획득 이후 2014 소치 동계올림픽 피겨스케이팅 은메달을 획득하였다.
[정답] ①

13 [2022.2급]

[보기]의 ⓐ, ⓑ에 해당하는 개최지가 바르게 연결된 것은?

우리나라는 1986년 서울아시아경기대회, 2002년 [ⓐ]아시아경기대회, 2014년 [ⓑ]아시아경기대회를 성공적으로 개최하였다.

① ⓐ 인천   ⓑ 부산
② ⓐ 부산   ⓑ 인천
③ ⓐ 평창   ⓑ 충북
④ ⓐ 충북   ⓑ 평창

14 [2022.2급]

[보기]에 해당하는 인물은?

- 제6회, 제7회 아시아경기대회에서 수영종목 400M, 1,500M 2관왕 2연패
- 2008년 독도 33바퀴 회영
- 2020년 스포츠영웅으로 선정되어 2021년 국립묘지에 안장

① 조오련
② 민관식
③ 김 일
④ 김성집

[해설] 조오련은 1974년 제6회 아시아경기대회 자유형 400m, 1500m 1위, 1978년 제7회 아시아경기대회 자유형 400m, 1500m 1위, 1980년 대한해협 횡단, 2005년 울릉도-독도 횡단, 2008년 독도 33바퀴 완주 기록을 가진 수영선수이다.
2020년 스포츠영웅으로 선정되었으며 2021년 국립묘지에 안장되었다.
[정답] ①

[해설] 우리나라는 1986년 서울아시아경기대회, 2002년 부산아시아경기대회, 2014년 인천아시아경기대회를 성공적으로 개최하였다.
[정답] ②

15 [2022.2급]

개화기에 도입된 근대 스포츠 종목으로 옳지 않은 것은?

① 농구

② 역도

③ 야구

④ 육상

[해설] 근대적 교육기관인 원산학사(1883), 배재학당(1885), 이화학당(1886), 언더우드학당 (1886) 등에서 근대 스포츠가 소개되었다.

원산학사는 창립 당시 특수과목으로 무예반은 병서와 사격을 가르쳤다.

기독교계 학교로 선교사에 의해 설립된 배재학당에서는 과외활동으로 야구, 축구, 정구, 농구 같은 서양식 운동경기를 실시했다. 언더우드 학당에서는 체조시간이 있었으며, 이화학당에서는 1890년에 이르러서 체조가 교과목으로 편성되었다.

역도는 1928년에 역기라는 이름으로 우리나라에 소개되었다.

[정답] ②

추가해설) 조선은 1876년 강화도조약에 의하여 문호를 개방하게 되었다. 문호 개방 이후 개화 지식인들은 서구의 근대 체육을 적극 수용하였는데 이는 근대 체육교육을 실시하여야 강한 자는 번성하고 약한 자는 쇠멸한다는 우승열패의 시대에 살아남을 수 있다는 인식은 학교 교육에서 체육 교육을 강조하는 것으로 나타났다. 이에 따라 서구의 근대 스포츠가 학교를 중심으로 도입 및 보급되었다. 그러나 일본의 침탈이 본격화되면서 민족의 위기의식은 더욱 강해졌다. 그 결과 체육 교육에도 민족주의적 성격이 좀 더 강화되어 갔다. 이에 운동경기는 단순한 운동 경기적 성격에서 벗어나 민족적 일체감을 형성하고 애국 계몽사상을 고취하는 성격을 가지게 되었다.

16 [2022.2급]

광복 이전 조선체육회에 관한 설명으로 옳지 않은 것은?

① 조선체육협회보다 먼저 창립되었다.

② 조선의 체육을 지도, 장려하는 것이 목적이었다.

③ 첫 사업인 제1회 전조선야구대회는 전국체육대회의 효시이다.

④ 고려구락부를 모태로 하였고, 조선체육협회에 강제 통합되었다.

[해설] 일본인 중심의 체육단체인 조선체육협회는 1919년에 설립되었으며, 이후 1920년에 조선체육회가 설립되었다.

[정답] ①

추가해설1) 1920년에 설립된 조선체육회는 조선인의 체육을 장려, 지도한다는 목적이었으며 이러한 조선체육회는 고려구락부를 모체로 한다.

조선체육회는 제1회 전조선야구대회를 시작으로 전조선축구대회, 전조선정구대회, 전조선육상경기 등 주최하였다. 이러한 활동은 전국체육대회의 효시가 되었다.

일본은 1937년 중일전쟁 이후인 1938년 조선체육회를 비롯한 민족체육회 단체를 조선체육협회에 통합시켰다.

1945년 해방 이후인 그해 11월 여운형을 회장으로 재건되었다. 1948년 대한민국 정부가 수립되자 대한체육회로 명칭을 변경하고 현재까지 이르고 있다.

추가해설2) [조선체육회 이전의 체육단체]

우리나라 최초 근대적인 체육단체인 대한체육구락부(1906년), 체육단체 중 가장 활발한 활동을 하였으며 회장 터너와 총무 질레트가 있었던 황성기독교청년회운동부(1906) 그리고 대한민국 임시정부 국무총리를 지낸 노백린이 발기한 대한국민체육회(1907년), 체육을 모든 학문의 핵심이라고 규정한 대동체육구락부(1908년), 일본에서 유학생들이 몇개 단체를 통합해 만든 대한흥학보(1909년) 등이 조선체육회 이전에 체육단체로 존재하였다.

17 [2022.2급]

[보기]에서 설명하는 올림픽경기대회는?

- 우리 민족이 일장기를 달고 출전한 대회
- 마라톤의 손기정이 금메달, 남승룡이 동메달을 획득한 대회

① 1924년 파리올림픽대회
② 1928년 암스테르담올림픽대회
③ 1932년 로스앤젤레스올림픽대회
④ 1936년 베를린올림픽대회

18 [2022.2급]

[보기]의 ⓐ, ⓑ에 들어갈 용어로 바르게 연결된 것은?

- [ⓐ]경기대회는 우리나라 여성이 최초로 금메달을 획득한 대회로, 서향순이 양궁 개인전에서 금메달을 획득했다.
- [ⓑ]경기대회는 우리나라가 광복 후 최초로 마라톤에서 금메달을 획득한 대회로, 황영조가 마라톤에서 금메달을 획득했다.

① ⓐ 1984년 로스앤젤레스올림픽
　 ⓑ 1988년 서울올림픽
② ⓐ 1984년 로스앤젤레스
　 ⓑ 1992년 바르셀로나올림픽
③ ⓐ 1988년 서울올림픽
　 ⓑ 1988년 서울올림픽
④ ⓐ 1988년 서울올림픽
　 ⓑ 1992년 바르셀로나올림픽

[해설] 손기정은 1936년 베를린올림픽에서 2시간 29분 19초로 우승했다. 손기정은 메달 수여식에서 히틀러에게서 받은 화분으로 가슴에 새겨진 일장기를 가렸다. 남승룡은 손기정과 같은 마라톤 종목에 출전해 동메달을 목에 걸었다. 3등 자리에서 서서 고개를 깊이 떨구던 남승룡은 일장기를 가릴 수 있는 손기정이 부러웠다고 회고했다.

[정답] ④

[해설] 1984년 로스앤젤레스올림픽에서 서향순이 양궁 개인전에서 여성 최초로 금메달을 획득했다.

1992년 바르셀로나올림픽에서 광복 이후 최초로 마라톤에서 황영조가 금메달을 획득했다.

[정답] ②

19 [2022.2급]

[보기]의 설명과 관련 있는 정권은?

> • 호돌이 계획 시행
> • 국민생활체육회 창설
> • 1988년 서울올림픽 성공적인 개최
> • 제41회 지바 세계탁구선수권대회 남북단일팀 출전

① 박정희 정권
② 전두환 정권
③ 노태우 정권
④ 김영삼 정권

해설 및 정답

[해설]

• 1961.05.~1979.10. [박정희 정권]

ⅰ) 체력은 국력 슬로건 채택 – 체력장 도입

ⅱ) 국민재건체조

ⅲ) 국민체육진흥법 공포

ⅳ) 체육의 날 제정

ⅴ) 태릉선수촌 건립

ⅵ) 체육연금제도 · 우수선수병역면제

• 1980.09.~1988.02. [전두환 정권]

ⅰ) 체육부 신설(1982)

ⅱ) 국군 체육부대 창설

ⅲ) 서울아시아경기대회 개최와 서울올림픽경기대회 유치 및 준비

ⅳ) 프로야구(82), 프로축구(83), 프로씨름(83) 출범

• 1988.02.~1993.02. [노태우 정권]

ⅰ) 서울올림픽경기대회 개최

ⅱ) 국민 생활 체육 진흥 종합 계획(호돌이 계획) 수립

ⅲ) 국민생활체육회(구. 국민생활체육협의회) 창설

ⅳ) 국민체육진흥공단 설립

ⅴ) 1991년 지바 세계 탁구 선수권 대회(여자단체전 우승)와 1991년 포르투갈 세계 청소년 축구 선수권 대회(8강 진출)에서 분단 이후 최초의 남북 단일팀 출전

[정답] ③

20 [2022.2급]

2002년 제17회 월드컵축구대회에 관한 설명으로 옳지 않은 것은?

① 한국은 4강에 진출했다.
② 한국과 일본이 공동으로 개최했다.
③ 한국과 북한이 단일팀을 구성하여 출전했다.
④ 한국의 길거리 응원은 온 국민 문화축제의 장이었다.

해설 및 정답

[해설] 1991년 포르투갈 세계 청소년 축구 선수권 대회에서 분단 이후 최초의 남북 단일팀 출전을 하였다.

[정답] ③

2급 스포츠지도사
한국체육사
기출문제해설

01 [2021. 2급]

한국체육사의 시대구분에 관한 내용으로 적절하지 않은 것은?

① 고대체육은 부족국가 및 삼국시대로 구분할 수 있다.
② 광복을 전후로 고대체육과 전통체육으로 구분할 수 있다.
③ 갑오경장을 전후로 전통체육과 근대체육으로 구분할 수 있다.
④ 고대체육, 중세체육, 근대체육, 전통체육으로 구분할 수 있다.

02 [2021. 2급]

체육 관련 사료 중 문헌사료가 아닌 것은?

① 고구려 무용총 수렵도
② 무예도보통지
③ 조선체육계
④ 손기정 회고록

[해설] 한국체육사는 고대체육, 중세체육, 전통체육, 근대체육으로 4분법으로 구분할 수 있다. 그리고 역사가의 견해에 따라 고대체육은 다시 원시부족국가 및 삼국시대로 구분할 수 있다. 따라서 고대체육(원시부족국가 / 삼국시대), 중세체육, 전통체육 그리고 갑오경장 이후 근대체육으로 구분하기도 한다.

또한 역사가의 견해에 따라 1945년 광복을 전후로는 한국체육사를 근대체육과 현대체육으로 구분할 수 있다. 그리고 한국체육사를 2분법하는 견해에 따르면 갑오경장(갑오개혁)을 기준으로 갑오경장 이전을 전통체육 이후를 근대체육으로 구분하기도 한다.

[정답] ②

[해설] 사료는 과거가 남긴 흔적이다. 즉 유물, 유적, 기록 등이 사료이다.

사료의 전통적 분류 방식은 물적사료와 기록사료로 분류된다.

물적사료	유물 · 유적 · 유골
기록사료	고문서 · 석판 · 민요 · 시가

다시 기록사료는 문헌사료와 구전사료로 분류된다.

문헌사료	석판 · 고문서 · 문서 · 회고록
구전사료	민요 · 전설 · 시가 · 회고담

따라서 고구려의 무용총 수렵도는 벽화로 이는 물적사료 중 유적에 해당된다.

[정답] ①

03 [2021. 2급]

부족국가시대의 저포(樗蒲)에 관한 설명으로 옳은 것은?

① 위기(圍棋)라는 용어로 불리기도 하였다.
② 제천의식과 관련된 대표적인 민속놀이였다.
③ 두 사람이 서로 맞잡고 힘을 겨루는 경기였다.
④ 달리는 말 위에서 여러 가지 동작을 행하는 경기였다.

[해설] 윷의 유래와 역사를 정확히 알 수 없지만 윷놀이는 제천의식과 관련된 대표적 민속놀이이다.

역사학자 신채호는 윷놀이는 부여에서 시작된 놀이이며 윷놀이의 유래는 부여의 지배체제인 사출도에서 그 유래를 찾았다.

윷놀이는 저포, 사희, 척사, 척사희 등으로 불리었다. 이러한 윷놀이는 보통 정월 초하루부터 대보름까지 즐겼다.

위기(圍棋)에서 기(棋)는 바둑 기라는 한자로, 위기는 바둑을 말한다.

[정답] ②

04 [2021. 2급]

화랑도의 교육방법에 관한 설명으로 옳지 않은 것은?

① 입산수행은 화랑도 교육활동의 하나였다.
② 심신일체론적 사상을 바탕으로 전인교육을 지향하였다.
③ 편력은 명산대첩을 돌아다니며 수련하는 야외활동이다.
④ 삼강오륜의 붕우유신을 바탕으로 도의 교육을 실시하였다.

[해설] 화랑도란 신라에 있었던 화랑과 그를 따르는 낭도로 구성된 청소년 집단을 말한다.

화랑도라는 용어는 현대에 일반화된 용어이고 당시에는 풍월도, 풍류도, 국선도, 원화도라고 불리었으며, 이러한 화랑도는 한국의 전통사상과 세속오계를 근간으로 두고 단체생활을 통해 심신을 연마하였는데 특히, 세속오계는 화랑도 도의교육의 핵심이었다.

화랑도의 사상은 조화로운 인간항을 지향하는 심신일원론 사상, 신체미 숭배사상, 국가주의 사상, 불국토 사상이 중시되었다. 즉, 화랑도는 전통사상, 유교, 불교, 도교의 종교적 이념을 함축하였다.

화랑도는 명산대천을 두루 돌아다니는 편력, 입산수행, 주행천하 등의 활동을 하였다.

신라 진흥왕은 국가발전을 위한 인재를 양성하기 위하여 종래의 화랑도를 국가적인 조직으로 체계화하였다.

[정답] ④

05 [2021. 2급]
삼국시대 민속놀이의 명칭이 바르게 연결된 것은?

① 석전(石戰) - 제기차기
② 마상재(馬上才) - 널뛰기
③ 방응(放鷹) - 매사냥
④ 수박(手搏) - 장기

06 [2021. 2급]
[보기]에서 설명하는 것은?

> 고려시대 최고의 교육기관인 국자감에는 7재를 두었는데. 그중 무학을 공부하는 [   ]가 있었다. 이를 통해 고려의 관학에서는 무예교육이 중시되었음을 알 수 있다.

① 강예재(講藝齋)
② 대빙재(待聘齋)
③ 경덕재(經德齋)
④ 양정재(養正齋)

해설 및 정답

[해설] 석전은 편전, 편쌈 등으로 불리우는 돌팔매질 싸움이다. 마상재는 말 위에서 펼치는 여러 가지 곡예 · 재주로 곡마(曲馬) · 말광대라고도 한다.
수박은 맨손격투기의 명칭으로 고려시대에 수박희라는 명칭으로 이어져 내려와 크게 발달했다.
[정답] ③

해설 및 정답

[해설] 고려 성종은 오늘날 국립대학 격인 국자감을 설치하였는데 당시 국자감에는 유학부만 존재하였다. 이후 고려 예종은 국자감에 전문강좌인 7재를 개설하였는데 예종이 개설한 7재는 여택재, 대빙재 등 유학 경전을 가르친 6재와 무학을 가르친 강예재가 있었다.
[정답] ①

07 [2021. 2급]

[보기]의 고려시대 격구에 관한 설명 중 옳은 것으로만 묶인 것은?

> ⓐ 왕, 귀족, 무인들의 오락이나 스포츠로 발달했다.
> ⓑ 가죽주머니로 만든 공을 발로 차는 형식의 무예이다.
> ⓒ 말타기 능력 향상 및 군사훈련을 위한 수단으로 활용되었다.
> ⓓ 서민들의 오락적 신체활동으로 급속히 확산되었다.

① ⓐ, ⓑ
② ⓐ, ⓒ
③ ⓑ, ⓓ
④ ⓒ, ⓓ

08 [2021. 2급]

[보기]의 ⓐ, ⓑ에 해당하는 고려시대 무예의 명칭이 바르게 연결된 것은?

> • [ⓐ]은/는 고려시대 무인들에게 적극 권장되었으며, 명종 때에는 이 무예를 겨루게 하여 승자에게 벼슬을 주었다.
> • [ⓑ]은/는 유교를 치국의 도로 살았던 고려시대에도 6예의 어(御)에 속하는 것으로 군자의 중요한 덕목 중 하나였다.

	ⓐ	ⓑ
①	격구	수박
②	수박	마술
③	마술	궁술
④	궁술	방응

[해설] 격구는 왕, 귀족, 무인들의 오락이나 스포츠로 발달하였다. 말타기 능력의 향상 및 군사훈련을 위한 수단으로 활용되었으며, 고려·조선 시대에는 무예의 한 과목으로 인정되었으며 크게 성행하였다.
격구의 특성상 서민들의 오락·유희로는 즐기지 못하였다.
가죽주머니로 만든 공을 발로 차는 형식의 무예 놀이는 축국이다.
[정답] ②

[해설] 수박은 맨손격투기의 명칭으로 고려시대에 수박희라는 명칭으로 이어져 내려와 크게 발달했다.
6예 중 어(御)는 짐승을 길들이다·다스리다 라는 뜻으로 마술(馬術)을 의미한다.
[정답] ②

09 [2021. 2급]

조선시대 사정(射亭)에 관한 설명으로 옳지 않은 것은?

① 전국에 사정을 설치하고 습사를 장려하였다.
② 관설사정과 민간사정이 있었다.
③ 병서 강습과 마상 무예 훈련을 주로 하였다.
④ 민간사정으로 오운정, 등룡정 등이 있었다.

10 [2021. 2급]

조선시대 줄다리기에 관한 설명으로 옳은 것은?

① 동채싸움으로 불리며, 동네별로 승부를 겨루는 경기였다.
② 상박으로도 불리며, 궁정과 귀족사회의 유희 중 하나였다.
③ 추천으로 불리며, 단오절에 많이 행해진 서민들의 민속놀이였다.
④ 삭전, 갈전으로도 불리며, 촌락공동체의 의례적 연중행사로 성행했다.

[해설] 줄다리기는 삭전·조리지희·갈전이라고도 하며, 두 패로 나눠 굵은 줄을 서로 잡아당겨 자기편으로 끌어온 쪽이 승리하는 민속놀이이다. 줄다리기는 농경사회의 대표적인 민속놀이로 농사의 풍흉을 점치는 의미도 있었다.

[정답] ④

추가해설) 차전놀이 : 마을 사람들이 패를 갈라 나무로 만든 동채라는 물건을 서로 부딪쳐 승부를 겨루는 것인데, 그래서 차전놀이를 다른 말로는 동채싸움이라고도 한다.

차전놀이의 유래는 후삼국시대 후백제의 견훤군과 고려의 왕건군은 고창성 일대에서 전투를 벌였는데, 고창성의 호족들은 주민들을 이끌고 왕건군에 가담해서 고창 전투에서 승리하게 되었다. 이에 왕건은 고창 전투 승리로 고려의 동쪽을 편안하게 했다고 하여 고창을 안동으로 변경하였으며 고려 건국의 기틀을 마련한 고창 전투를 기념하기 위해서 차전놀이가 행하게 되었다.

씨름은 각력·각저·각희·상희·상박으로 불렸다가 조선시대에 실훔에서 실훔을 거쳐 오늘날 씨름으로 변하였다.

씨름은 주로 음력 5월 단오 무렵에 넓은 강변이나 모래사장 등에서 즐기던 대표적인 남성 놀이이자 운동 경기이다. 현재 국가무형문화재 제131호로 지정되었다.

추천은 그네놀이, 그네뛰기놀이로 단오절이나 한가위에 즐겼다.

[해설] 사정(射亭)은 활쏘는 사람들이 무예 수련을 위하여 활터에 세운 정자 혹은 사장(射場)이라고 하여 활터를 의미하기도 한다.

사정은 관설사정과 민간사정이 있었는데 민간 사정을 중심으로 편사라고 불리는 활쏘기대회가 성행하였다.

병서 강습과 마상 무예 훈련을 주로 한 곳은 훈련원이다.

[정답] ③

11 [2021. 2급]

개화기 이화학당에 관한 설명으로 옳은 것은?

① 스크랜턴이 설립한 학교로 체조를 교과목으로 편
　성했다.
② 아펜젤러가 설립한 학교로 각종 서구 스포츠를 도
　입했다.
③ 이승훈이 설립한 학교로 민족정신의 고취와 체력
　단련을 위한 체육을 강조했다.
④ 개화파 관리들이 중심이 되어 설립한 학교로 무사
　양성을 위한 무예반을 설치했다.

[해설] 이화학당은 1886년 미국인 여선교사 메리 스크랜턴
(Scranton)이 설립한 한국 최초의 여성 교육기관이다. 이화학당
은 체조를 정식과목으로 채택함으로써 근대 여성 체육의 모태가
됐다.

[정답] ①

추가해설) 배재학당은 1885년 미국인 선교사 아펜젤러가
설립한 한국 최초의 근대식 중등사립학교이다.
배재는 인재를 기른다는 뜻이며 졸업생으로 안창호, 이승
만, 주시경, 지청천 등의 졸업생을 배출했다.
배재학당에서는 과외활동으로 야구, 축구, 농구 등의 스포
츠를 실시하였다.
한국에서 근대적 체조가 시작된 것은 배재학당에서 미국
인 선교사 헐버트(Hulbert)에 의해서였다. 헐버트는 1897
년 배재학당에서 도수체조를 가르치기 시작했으며, 체조
시간이면 철봉을 하는 법을 지도했다.
오산학교 : 1907년 도산 안창호의 강연을 듣게 된 성공한
사업가 이승훈은 민족 교육에 앞장서고자 전 재산을 털어
평안북도 정주에 오산학교를 설립하였다.
원산학사 : 1883년 원산학사는 민간인이 설립한 한국 최초
의 근대학교로 배재학당보다 2년 앞서 설립되었다. 원산학
사는 문예반(50명)과 무예반(200명)으로 운영되었다.

12 [2021. 2급]

[보기]의 ⓐ, ⓑ에 들어갈 용어가 바르게 연결된 것은?

[ⓐ]은/는 1903년 10월 18일에 발족되었으며,
1906년 운동부를 개설하여 개화기에 가장 활발하
게 체육활동을 전개한 체육단체 중 하나였다. 이 단
체의 총무였던 [ⓑ]은/는 야구, 농구 등의 다양한
근대 스포츠 문화를 우리나라에 소개하고 확산시
키는 노력을 하였다.

	ⓐ	ⓑ
①	회동구락부	언더우드
②	대동체육부	노백린
③	무도기계체육부	윤치호
④	황성기독교청년회	질레트

[해설] 황성기독교청년회(1903)는 미국인 선교사 질레트가
1903년에 황성기독교청년회를 결성하였고 계몽운동 · 체육지
도 · 농촌운동 등을 전개하였다.
황성기독교청년회 · 운동부(1905)는 아서 터너와 질레트를 중심
으로 근대적 스포츠인 농구 · 야구 · 배구 등을 청년 및 일반인을
대상으로 보급하였으며, 설립된 1906년에 신흥사에서 운동회를
개최하고 1등상으로 상패를 수여하였다. 이는 우리나라 운동회
에서 수여된 메달로는 최초였다.
1905년에는 미국인 선교사 질레트(Gillet)가 황성기독교청년회
회원들에게 야구를 지도하였으며, 1907년에는 농구가 질레트
(Gillet)에 의해 보급되었다.

[정답] ④

13 [2021. 2급]

개화기에 설립된 체육단체가 아닌 것은?

① 조선체육협회
② 대한체육구락부
③ 대한국민체육회
④ 대한흥학회운동부

[해설] 일본인 중심의 조선체육협회(1919)가 만들어지자 이에 대응하여 1920년에 조선체육회가 창립되었다. 조선체육회 설립에 동아일보 변봉현 기자가 '조선체육기관의 필요성을 논함'이라는 세 차례 논설을 통한 후원이 있었다. 그러나 1937년 일제의 조선체육회의 강제 해산에 따라 해산되었다.

[정답] ①

추가해설) 대한체육구락부(1906)는 황성기독교청년회운동부(1906)보다 앞서 설립된 우리나라 최초로 조직된 근대적 체육단체이다. 현양운·한상우 등 30명이 결성하였으며, 축구·높이뛰기·씨름 등 스포츠를 보급하고 지도하였다.

대한국민체육회는 일제강점기 이전인 1907년 10월 노백린에 의해 결성된 체육단체이다. 체육을 발전시켜 국민교육의 올바른 방향을 제시하고자 하였다.

대한흥학회운동부는 1909년 일본 동경에서 설립된 재일본유학생 통합단체인 대한흥학회 안에 조직한 운동단체이다. 일본 내에서 유학생들 중심으로 운동회를 개최하고, 체육계몽운동에 주력하였으며 대한흥학회운동부는 여름방학 귀국을 이용하여 모국에 새로운 스포츠를 소개하고 윤기현을 운동부장으로 서울 각 학교에서 각종 경기의 시험 경기와 지도를 했을 뿐 아니라 평양, 개성 등을 순회하면서 체육계몽에 헌신하였다.

14 [2021. 2급]

[보기]에서 설명하는 인물은?

> - 조선체력증진법연구회를 설립하고, 전국의 역도 보급에 앞장섰다.
> - 1926년 휘문고등학교 체육교사로 부임해 역도부를 조직하고 지도하였다.
> - 대한체조협회 회장, 대한씨름협회 회장을 역임하며 한국 스포츠 발전에 공헌을 했다.

① 서상천
② 백용기
③ 이원용
④ 유억겸.

15 [2021. 2급]

일제강점기에 발생한 체육사적 사실이 아닌 것은?

① 경성운동장이 설립되어 각종 스포츠 대회가 개최되었다.
② 덴마크의 닐스 북이 체조강습회를 개최했다.
③ 남승룡이 베를린올림픽경기대회에서 동메달을 획득하였다.
④ 영어학교에서 한국 최초의 운동회인 화류회가 개최되었다.

[해설] 서상천은 역도를 처음으로 국내에 도입하였다. 대부분 스포츠 종목들은 서양인이나 일본인에 의해 도입이 되었는데 역도만은 한국인 서상천이 처음으로 소개한 스포츠 종목이다.

서상천은 일본 유학을 다녀온 후, 1926년부터 휘문고등학교 체육교사 재직하면서 역도부를 조직하고 지도하였으며 동시에 자신의 집을 개조하여 한국 최초의 체육연구소인 조선체력증진법연구소(이후 중앙체육연구소)를 창립하여 전국에 체력단련법과 역도 등을 보급하기 시작하였다.

또한 현대체력증진법(1931), 현대철봉운동법(1934)을 발행하였다. 역도(力道)라는 용어를 창안하여 1936년 조선체육회의 승인을 얻어 역기 종목을 역도(力道)라는 용어로 개칭하였다.

광복 이후 1948년 하계 런던올림픽에서 역도 미들급 동메달을 획득하여 대한민국 최초의 올림픽 메달을 획득한 김성집을 지도하였다.

대한체조협회 회장, 대한씨름협회 회장을 역임하였다.

[정답] ①

[해설] 오늘날 동대문운동장인 경성운동장은 1925년에 설립되었다.

덴마크의 체조가 닐스 북이 YMCA 초청으로 1931년 한국에 와서 경성운동장에서 시민들을 위해 체조 강습회를 열었다. 이는 덴마크 체조를 한국에 보급하기 위한 활동이었으며, 덴마크 체조를 직접 시연하며 한국인들에게 체조의 원리와 방법을 소개하였다.

1936년 남승룡은 베를린올림픽대회 마라톤 종목에서 동메달을 획득하였다.

근대적 의미의 첫 운동회는 1896년 5월 영어학교 학생들이 평양 삼선평으로 소풍을 가서 화류회라는 운동회를 개최한 것을 말한다.

[정답] ④

16 [2021. 2급]

[보기]에 해당하는 체육단체에 관한 설명으로 옳지 않은 것은?

- 고려구락부를 모체로 설립된 단체이다.
- 1920년 7월 동아일보사의 후원으로 일본 유학생과 국내체육인들이 조선인의 체육을 장려할 목적으로 설립하였다.

---

① 1920년 전조선야구대회를 개최하였다.
② 스포츠 보급의 일환으로 운동구점을 설치하고 운영하였다.
③ 1925년 경성운동장 개장을 기념하기 위해 조선신궁경기대회를 개최했다.
④ 육상경기의 연구를 위한 육상경기위원회 조직과 육상경기규칙을 편찬했다.

[해설] 해당 체육단체는 조선체육회에 관한 설명이다. 조선체육협회는 조선에 거주하는 일본인이 중심으로 만든 단체로 일본체육협회를 모델로 한 것이다. 조선체육협회는 조선총독부 비호를 받은 반민족적 단체이다.

조선체육협회는 1925년 경성운동장 개장 기념으로 제1회 조선신궁대회를 열었으며 올림픽대회 등 조선 예선전을 운영하였다. 1938년 조선체육회를 조선체육협회에 통합시켰다.

1941년 태평양 전쟁 이후 전국의 조선인 체육단체를 해산시키고 일본인 중심의 조선체육협회도 1942년에 조선체육진흥회로 통합시켰다. 조선 내 체육분야에서의 황국신민화를 주도하고 전시체제하의 국방체육을 강력하게 추진하기 위함이었다.

[정답] ③

추가해설) 1920년에 설립된 조선체육회는 조선인의 체육을 장려, 지도한다는 목적이었으며 이러한 조선체육회는 고려구락부를 모체로 한다. 조선체육회는 제1회 전조선야구대회를 시작으로 전조선축구대회, 전조선정구대회, 전조선 육상경기 등을 주최하였다. 이러한 활동은 전국체육대회의 효시가 되었다.

그러나 일본은 1937년 중일전쟁 이후 1938년 조선체육회를 비롯한 민족체육회 단체를 조선체육협회에 통합시켰다. 1945년 해방 이후인 그해 11월 여운형을 회장으로 재건되었다. 1948년 대한민국 정부가 수립되자 대한체육회로 명칭을 변경하고 현재까지 이르고 있다.

17 [2021. 2급]

[보기]의 ⓐ, ⓑ에 해당하는 국제대회가 바르게 연결된 것은?

> 1990년 남북체육장관회담의 결과, 1991년 사상 첫 남북 스포츠 단일팀이 구성되었다. [ⓐ]에 남북단일팀으로 참가한 코리아 팀은 여자단체전에서 세계를 제패했으며, [ⓑ]에서도 청소년대표팀이 남북단일팀으로 참가하여 8강 진출이라는 위업을 달성했다.

① ⓐ 지바 세계탁구선수권대회
　 ⓑ 멕시코 세계청소년축구대회
② ⓐ 사라예보 세계탁구선수권대회
　 ⓑ 포루투갈 세계청소년축구대회
③ ⓐ 사라예보 세계탁구선수권대회
　 ⓑ 멕시코 세계청소년축구대회
④ ⓐ 지바 세계탁구선수권대회
　 ⓑ 포르투갈 세계청소년축구대회

해설 및 정답

[해설] 1991년 지바 세계 탁구 선수권 대회(여자단체전 우승)와 1991년 포르투갈 세계 청소년 축구 선수권 대회(8강 진출)에서 분단 이후 최초의 남북 단일팀 출전하였다. 선수단 호칭 우리말로 코리아로, 영어로는 KOREA(약자: kor)로 한다. 선수단 단기는 흰색바탕에 하늘색 우리나라 지도를 그려 넣는 것으로 하며 선수단 단가는 1920년대에 우리나라에서 부르던 아리랑으로 하였다.

[정답] ④

18 [2021. 2급]

[보기]에서 ⓐ ~ ⓓ를 연대순으로 바르게 연결한 것은?

> ⓐ 한국은 동계올림픽대회에서 최초로 태극기를 단 선수단을 파견하였다.
> ⓑ 한국은 최초로 하계올림픽대회를 개최하였고 종합 4위의 성적을 거두었다.
> ⓒ 남한과 북한의 선수가 최초로 하계올림픽대회에 동시 입장을 하였다.
> ⓓ 한국은 광복 후 하계올림픽대회에서 최초로 금메달을 획득했다.

① ⓐ - ⓒ - ⓑ - ⓓ
② ⓐ - ⓒ - ⓓ - ⓑ
③ ⓐ - ⓓ - ⓑ - ⓒ
④ ⓓ - ⓐ - ⓑ - ⓒ

해설 및 정답

[해설] 1948년 한국은 스위스 생모리츠 동계올림픽대회에서 최초로 태극기를 단 선수단을 파견하였다.
1976년 한국은 광복 후 캐나다 몬트리올 하계올림픽대회에서 최초로 양정모 선수가 레슬링에서 금메달을 획득했다.
1988년 한국은 최초로 서울 하계올림픽대회를 개최하였고 종합 4위의 성적을 거두었다.
2000년 남한과 북한의 선수가 최초로 호주 시드니 하계올림픽대회에 동시 입장을 하였다.

[정답] ③

19 [2021. 2급]

[보기]에서 설명하는 대회는?

> • 1936년에 개최된 하계올림픽대회였다.
> • 마라톤경기에서 손기정 선수가 금메달을 획득했다.
> • 일장기 말소 사건은 국권회복과 민족의식을 일깨워 주는 계기가 되었다.

① 제9회 암스테르담올림픽대회
② 제11회 베를린올림픽대회
③ 제14회 런던올림픽대회
④ 제17회 로마올림픽대회

[해설] 1936년 베를린 하계 올림픽 마라톤에서 금메달을 획득하면서 한국인 선수로는 최초로 올림픽 금메달리스트가 되었다. 이때 손기정과 함께 출전했던 남승룡이 동메달을 차지하였다. 1936년 당시는 일제강점기였기에 그는 일본 국가대표로 뛰어야 했다. 시상식 때도 태극기가 아닌 일장기가 올라오는 것을 보고 눈물을 흘렸다. 당시의 민간지 동아일보·조선일보·조선중앙일보는 손기정의 우승을 보도하였다. 그런데 조선중앙일보와 동아일보는 일장기를 지워서 실었다. 이 사건으로 동아일보 현진건·이길용 언론 종사자들이 탄압을 당했으며, 여운형 조선중앙일보 사장도 고초를 겪어야 했다.

[정답] ②

20 [2021. 2급]

[보기]의 내용을 실시한 정권의 스포츠 정책이 아닌 것은?

> 1982년 중앙정부행정조직에 체육부를 신설하고, 아시안게임과 올림픽경기대회의 준비, 우수선수 육성 및 지도자의 양성 등 스포츠 진흥운동을 전개했다.

① 프로축구의 출범
② 프로야구의 출범
③ 태릉선수촌의 건립
④ 국군 체육부대의 창설

[해설]

1961.05.~1979.10. [박정희 정권]

ⅰ) 체력은 국력 슬로건 채택 – 체력장 도입
ⅱ) 국민재건체조
ⅲ) 국민체육진흥법 공포
ⅳ) 체육의 날 제정
ⅴ) 태릉선수촌 건립
ⅵ) 체육연금제도·우수선수병역면제

1980.09.~1988.02. [전두환 정권]

ⅰ) 체육부 신설(1982)
ⅱ) 프로야구(82), 프로축구(83), 프로씨름(83) 출범
ⅲ) 국군 체육부대 창설(1984)
ⅳ) 서울아시아경기대회 개최와 88 서울올림픽경기대회 유치 및 준비

[정답] ③

2급 스포츠지도사
한국체육사
기출문제해설

01 [2020. 2급]

[보기]에서 설명하는 의례는?

> • 부족의 신화를 계승하는 춤을 익혔다.
> • 식량 확보를 위한 수렵과 채집활동을 하였다.
> • 삼국지의 위지동이전에 큰사람으로 부른 기록이 있다.

① 영고
② 무천
③ 동맹
④ 성년의식

[해설] 부족사회에서 성년의식은 자녀들이 부족사회의 구성원으로서 필요한 기술과 지식, 부족사회의 규범, 부족사회의 역사 등을 계획적으로 가르치고 시행된 교육적 의식을 말한다. 특히, 부족사회에서는 부족의 신화를 계승하고 또 춤을 익혔으며, 부족의 운명공동체 일원으로서 식량 확보를 위한 수렵과 채집활동을 하였다.

[정답] ④

02 [2020. 2급]

[보기]에서 설명하는 화랑도의 정신은?

> • 사군이충 : 충성심으로 임금을 섬김
> • 사친이효 : 효심으로 부모를 섬김
> • 교우이신 : 신의를 바탕으로 벗을 사귐
> • 살생유택 : 생명체를 함부로 죽이지 않음
> • 임전무퇴 : 전쟁에 임할 때는 후퇴를 삼가함

① 삼강오륜(三綱五倫)
② 세속오계(世俗五戒)
③ 문무겸비(文武兼備)
④ 사단칠정(四端七情)

[해설] 화랑도란 신라에 있었던 화랑과 그를 따르는 낭도로 구성된 청소년 집단을 말한다.

화랑도라는 용어는 현대에 일반화된 용어이고 당시에는 풍월도, 풍류도, 국선도, 원화도라고 불리었으며, 이러한 화랑도는 한국의 전통사상과 세속오계를 근간으로 두고 단체생활을 통해 심신을 연마하였는데 특히, 원광의 세속오계는 화랑도 도의교육의 핵심이었다.

화랑도의 사상은 조화로운 인간향을 지향하는 심신일원론 사상, 신체미 숭배사상, 국가주의 사상, 불국토 사상이 중시되었다. 즉, 화랑도는 전통사상, 유교, 불교, 도교의 종교적 이념을 함축하였다.

화랑도는 명산대천을 두루 돌아다니는 편력, 입산수행, 주행천하 등의 활동을 하였다.

신라 진흥왕은 국가발전을 위한 인재를 양성하기 위하여 종래의 화랑도를 국가적인 조직으로 체계화하였다.

[정답] ②

03 [2020. 2급]

고려시대의 무예에 대한 설명으로 적절하지 않은 것은?

① 무학교육기관으로 강예재가 있었다.

② 수박희는 인재선발을 위한 기준이 되었다.

③ 격구는 군사훈련 및 여가활동으로 성행하였다.

④ 종합무예서인 무예도보통지가 편찬되었다.

04 [2020. 2급]

[보기]에서 설명하는 민속놀이는?

> • 귀족들이 즐겼던 놀이이다.
> • 매를 길들여 꿩이나 기타 조류를 사냥하였다.

① 각저(角觝)

② 방응(放鷹)

③ 격구(擊毬)

④ 추천(鞦韆)

해설 및 정답

[해설] 무예도보통지는 조선시대 군용 무술 교본으로 무예에 대한 그림과 해설(도보) 종합서적(통지)을 말한다.
[정답] ④

해설 및 정답

[해설] 방응은 고려시대에 성행한 매사냥으로 귀족 체육의 일종이었다.
[정답] ②

05 [2020. 2급]

[보기]에서 설명하는 고려시대의 사건은?

> 1170년 의종이 문신들과 보현원에 행차하였다. (중략) 대장군 이소응이 젊은 병사와 오병수박희(五兵手搏戱)를 겨루었고 패하였다. 그러나 젊은 문신 한뢰가 대장군 이소응의 뺨을 때리며 비웃었다. 이 광경을 보던 정중부와 이의방 등이 선동하여 반란을 일으켰다.

① 무신정변
② 묘청의 난
③ 이자겸의 난
④ 삼별초의 난

[해설] 무신정변은 고려 중기 문신과 무신 간의 차별적 대우와 무신에 대한 멸시로 말미암은 무신들의 불만이 일으킨 정변이다.
[정답] ①

06 [2020. 2급]

[보기]에서 설명하는 개화기 사립학교는?

> • 무비자강(武備自强)을 강조하였다.
> • 문예반 50명, 무예반 200명을 선발하였다.
> • 1883년에 설립된 최초의 근대식 학교이다.

① 대성학교
② 오산학교
③ 원산학사
④ 동래무예학교

[해설] 1883년 원산학사는 민간인이 설립한 한국 최초의 근대학교로 배재학당보다 2년 앞서 설립되었다. 함경남도 원산은 개항과 동시에 1880년에 일본인 거류지가 만들어지고 일본 상인의 활동이 시작되자 원산 주민들은 일본 상인의 침투에 대한 대응책을 세워야 할 것을 절감하였고 원산주민과 부사 정현석이 협력하여 원산학사를 설립하였다.
원산학사는 문예반(50명)과 무예반(200명)으로 운영되었다.
특히, 무예반을 둔 것은 동래무예학교의 영향을 받은 것이고 또한 무예반의 비중이 문예반에 비해 컸다는 점에서 무비자강을 지향했다고 할 수 있다. 원산학사는 평민도 입학이 가능했으며 무예반의 교육과정으로 전통무예·병서·사격을 가르쳤다.
[정답] ③

07 [2020. 2급]

[보기]의 ⓐ, ⓑ에 들어갈 용어는?

> • 나현성의 한국체육사에 따른 시대구분이다.
> • 갑오경장 이전은 무예를 중심으로 하는 [ⓐ] 체육을 강조하였다.
> • 갑오경장 이후는 교육입국조서를 중심으로 하는 [ⓑ] 체육을 강조하였다.

	ⓐ	ⓑ
①	현대	전통
②	근대	전통
③	전통	근대
④	전통	현대

[해설] 나현성 교수님의 한국체육사에 따른 시대를 구분하면 갑오경장(갑오개혁) 이전은 무예를 중심으로 하는 전통 체육이며 갑오경장(갑오개혁) 이후 교육입국조서를 중심으로 근대체육으로 구분한다.

[정답] ③

08 [2020. 2급]

조선시대 무과제도에 관한 설명으로 적절한 것은?

① 정기적으로만 실시한다.
② 예조와 음양과에서 주관하였다.
③ 시험은 무예 실기만 시행되었다.
④ 초시, 복시, 전시의 3단계로 진행되었다.

[해설] 무과시험은 궁술(활), 마술(말타기), 총술(총), 강서(병서 및 유교경전)를 시험보았다.

이러한 무과시험은 소과(예비시험)와 대과(본시험)로 이루어진 문과시험과 달리 소과, 대과 구분 없이 단일과로 실시되었다. 초시, 복시, 전시 3단계를 거쳐 28명을 선발하였다.

무과는 훈련원과 병조가 주관을 하였다.

조선시대 무과제도는 문과와 마찬가지로 3년에 한 번씩 정규적으로 실시되는 식년무과가 있었으며, 그 밖에 임시로 특설되는 증광시, 별시, 알성시, 정시, 춘당대시 등 각종 비정규 무과가 있었다. 다만, 숙종 때는 정시에서는 1만 8251인을 뽑아 이른바 만과(萬科)라는 명칭을 낳기도 하였다.

무과제도의 응시자격은 크게 완화되어 서자, 천인들도 면천이라는 절차를 밟아 얼마든지 응시할 수 있었다.

[정답] ④

09 [2020. 2급]

개화기 운동회에 대한 설명으로 적절한 것은?

① 일본인을 위한 축제 성격이었다.

② 최초 시행 종목은 야구와 농구였다.

③ 우리나라 최초의 운동회는 화류회이다.

④ 학교 정규과목으로 학생에게 장려된 활동이다.

10 [2025. 2급]

[보기]에서 설명하는 조선시대의 기관은?

> • 무예의 수련을 담당하였다.
> • 병서의 습독을 장려하였다.
> • 군사의 시재(試才)를 담당하였다.

① 사정

② 성균관

③ 사역

④ 훈련원

[해설] 1896년 지금의 서울 성북구 삼선교 인근인 삼선평에서 외국어학교 분교인 영어 학교 학생들의 '화류회'가 열렸다. 화류회는 오늘날의 운동회 격인데 영어학교 학생들은 화류회에서 달리기·던지기·멀리뛰기 등 주로 육상경기를 치렀다.

근대식 육상경기가 등장한 영어 학교의 운동회는 구한말을 관통하는 일대 유행을 낳았다. 개화기 각종 학교가 만들어지면서 새롭게 등장한 유행은 바로 운동회였다. 첫 운동회가 끝나고 얼마 지나지 않은 1896년 5월31일 훈련원(지금은 철거된 동대문운동장 자리)에서 관립학교연합운동회가 열렸다. 화류회 이후 열린 운동회에서는 애국가를 부르고 대회를 주도한 인사들은 조선국기의 중요성, 자주독립 등을 강조하였다.

[정답] ③

[해설] 훈련원은 무인 양성과 관련된 공식적인 교육기관이었다. 이러한 훈련원이 하는 임무는 첫째, 무과(武科)를 주관하는 일을 하였으며, 둘째, 병서들을 습독하는 걸 포함해 훈련원이 군사력의 유지·발전을 위해 활쏘기, 마상무예 등의 훈련을 실시하였다.

[정답] ④

11 [2020. 2급]

활인심방에 대한 설명으로 적절하지 않은 것은?

① 이이가 활인심방이라는 책을 펴냈다.

② 도인법은 목 돌리기, 마찰, 다리의 굴신 등의 보건 체조이다.

③ 사계양생가는 춘하추동으로 나누어 호흡하는 방법이다.

④ 활인심서는 기를 조절하고, 식욕을 줄이며, 욕망을 절제하는 방법이다.

12 [2020. 2급]

[보기]에서 대한체육회에 대한 옳은 설명을 모두 고른 것은?

ⓐ 1920년 조선체육회가 창립되었다.

ⓑ 1948년 대한체육회로 개칭되었다.

ⓒ 1966년 태릉선수촌을 건립하였다.

ⓓ 2016년 국민생활체육회와 통합하였다.

① ⓑ, ⓒ

② ⓑ, ⓓ

③ ⓐ, ⓑ, ⓒ

④ ⓐ, ⓑ, ⓒ, ⓓ

[해설] 활인심은 중국 명나라 주권이 저술한 의학서로 도교의 대표적인 건강관리서이다. 퇴계 이황은 활인심을 입수해 베껴 쓴 뒤 자신의 몸과 마음을 다스리는 건강관리법으로 활용하였으며 일부 내용에 대해 주석까지 붙여 재구성하였는데 이 책을 활인심방이라고 한다.

활인심방은 마음을 통한 건강증진법과 치료법 그리고 체조를 통한 신체의 건강 예방과 양생법으로 볼 수 있다.

구체적으로 보면 활인심방의 내용은 첫째, 20여 가지의 양생지법을 담고 있다. 언제나 신체기관에 위해가 가지 않도록 과음·과식·과격한 행동을 금해야 한다는 내용이다. 둘째, 도인법으로 아침에 자리에서 일어나 행하는 8가지 실내운동과 호흡법으로 목 돌리기, 마찰, 다리의 굴신 등의 보건체조이다. 셋째, 사계양생가는 춘하추동으로 나누어 호흡하는 호흡법 넷째, 활인심서는 기를 조절하고, 식욕을 줄이며, 욕망을 절제하는 방법이다. 그 외에 보양정신(몸을 보호하는 정신) 보양음식(몸을 보호하는 음식) 등 내용을 담고 있다.

[정답] ①

[해설] [표]정리

[정답] ④

1920년 조선체육회 창립

1938년 일제에 의해 강제 해산

1945년 조선체육회 부활

1947년 조선올림픽위원회 설립 및 국제올림픽위원회 가입

1948년 대한체육회 및 대한올림픽위원회(KOC)로 개칭

1964년 대한체육회에서 대한올림픽위원회(KOC) 분리

1966년 태릉선수촌 건립

1991년 국민생활체육협의회 설립(2009년 국민생활체육회로 개칭)

2009년 대한체육회와 대한올림픽위원회(KOC)통합 이후 대한체육회(KOC)로 명칭

2011년 진천선수촌 건립

2016년 대한체육회(KOC)와 국민생활체육회 통합 이후 대한체육회(KOC)로 명칭

13 [2020. 2급]

개화기에 도입된 스포츠에 대한 설명으로 옳지 않은
것은?

① 조원희는 교육체조를 보급하였다.

② 우치다는 검도를 보급하였다.

③ 질레트(Gillett)는 야구와 농구를 보급하였다.

④ 푸트(Foote)는 연식정구를 보급하였다.

[해설] 1906년 우치다를 통해 유도가 소개되었다.

[정답] ②

추가해설1)

조원희는 일제강점기 신편체조법을 발간한 체육인이자 교
육자이다.

1895년 고종이 공포한 교육입국조서에 의하여 모든 학교
가 체조를 정식 교과목으로 채택하게 되었는데, 당시의 체
조는 대부분 군인들이 지도하여 그 내용이 병식체조 중심
이었다. 이에 조원희는 신식체조법을 발간하였다. 어린이
에게는 즐겁고 부드러운 체조법이 필요함을 강조하여 신
식체조법은 많은 학교에 의해 채택되었다. 이를 통해 학교
의 병식체조를 학생들에게 적합한 학교체조로 발전시켰
다. 또한 1909년에는 김성집·이기동 등과 함께 체조연구
회를 조직하였다.

추가해설2)

ⅰ) 테니스는 서양에서 직접 들어온 론 테니스(lawn tennis
: 잔디 테니스)와 일본에서 변용된 뒤 도입된 연식정구의
두 계통이 병립했다. 연식정구와 구별하여 론 테니스를 경
식정구라고 불렀다. 테니스의 도입은 정확한 시기를 알 수
없지만 1880년대 초대 미국 공사 푸트(Foote)를 통해 연
식정구가 도입되었다. 당시 우리나라에서는 연식정구라고
하지 않고 척구라고 불렀다. 테니스(경식정구)는 1919년
조선철도국에 의해 소개되었다.

ⅱ) 1896년 경무청에서 경찰훈련과 육군연무학교의 군사
훈련과목에 검술과목이 채택되면서 일본식 검도가 보급되
기 시작하였다.

ⅲ) 1905년에는 미국인 선교사 질레트(Gillet)가 황성기독
교청년회 회원들에게 야구를 지도하였으며, 같은 해 외국
어학교의 외국인 교사들에 의해 축구가 소개되었다.

ⅳ) 1906년에는 육군 참위 권원식과 일본인 요시카와가
훈련원에서 자전거 경기를 개최하였고, 같은 해 일본인 우
치다에 의해 유도가 전래되었다.

ⅴ) 1907년에는 농구가 질레트(Gillet)에 의해 보급되었다.

14 [2020. 2급]

일제강점기 스포츠 종목의 도입에 대한 설명으로 옳지 않은 것은?

① 권투 - 1914년 경성구락부에서 소개하였다.
② 경식정구 - 1919년 조선철도국에서 소개하였다.
③ 스키 - 1921년 나카무라가 소개하였다.
④ 역도 - 1926년 서상천이 소개하였다.

[해설] 권투는 1912년 박승필이 유각권구락부를 조직하면서 최초로 소개되었다. 일제강점기에 대표적인 권투선수로는 우리나라 사람으로는 최초로 1932년 LA올림픽에 참가한 황을수이다.
[정답] ①

15 [2020. 2급]

[보기]에서 설명하는 최초의 체육진흥계획은?

> • 국민생활체육협의회가 설립되었다.
> • 서울올림픽기념 생활관이 건립되었다.
> • 호돌이계획으로 생활체육 진흥을 도모하는 계기가 되었다.

① 국민생활체육진흥종합계획
② 제1차 국민체육진흥5개년계획
③ 제2차 국민체육진흥5개년계획
④ 참여정부 국민체육진흥5개년계획

[해설]
1988.2.~1993.2.[노태우 정권]
ⅰ) 서울올림픽경기대회 개최
ⅱ) 국민 생활 체육 진흥 종합 계획(호돌이 계획) 수립
ⅲ) 국민생활체육회(구. 국민생활체육협의회) 창설
ⅳ) 국민체육진흥공단 설립
ⅴ) 1991년 지바 세계 탁구 선수권 대회(여자단체전 우승)와 1991년 포르투갈 세계 청소년 축구 선수권 대회(8강 진출)에서 분단 이후 최초의 남북 단일팀 출전
[정답] ①

16 [2020. 2급]

일제강점기 황국신민체조에 대한 설명으로 적절하지 않은 것은?

① 군국주의 함양을 위한 것이다.
② 무사도 정신을 고취하기 위한 것이다.
③ 식민지 통치체제의 일환으로 실시되었다.
④ 유학 중심의 체조 지도 원리에 따라 교육되었다.

해설 및 정답

[해설] 일본은 1931년 9월 만주사변·1937년 중일전쟁·1941년 태평양전쟁을 일으켰다.
침략전쟁을 도발한 이후 일제의 한반도에 대한 식민지통치는 전쟁수행과 민족말살에 있었다.
체육교육 역시 황국신민체조·군국주의 함양·무사도 정신 등 전쟁과 민족말살을 위한 교육이었다.
[정답] ④

17 [2020. 2급]

1936년 제11회 베를린올림픽경기대회 마라톤에서 손기정과 함께 입상한 선수는?

① 권태하
② 남승룡
③ 서윤복
④ 함길용

해설 및 정답

[해설] 남승룡은 손기정과 같은 마라톤 종목에 출전해 동메달을 목에 걸었다. 3등 자리에서 서서 고개를 깊이 떨구던 남승룡은 일장기를 가릴 수 있는 손기정이 부러웠다고 회고했다.
[정답] ②

18 [2020. 2급]

[보기]에서 설명하는 일제강점기의 체육시설은?

> • 축구장, 야구장, 정구장, 수영장 등이 있었다.
> • 전국규모의 대회와 올림픽경기대회 예선전 등이 열렸다.
> • 1925년에 건립되었고, 1984년에 동대문운동장으로 개칭되었다.

① 경성운동장
② 효창운동장
③ 목동운동장
④ 잠실종합운동장

19 [2020. 2급]

[보기]의 설명과 관련이 있는 정부는?

> • 서울아시아경기대회를 개최하였다.
> • 정부행정조직에서 체육부가 신설되었다.
> • 프로야구, 프로축구, 프로씨름 등이 출범하였다.

① 박정희 정부
② 전두환 정부
③ 노태우 정부
④ 김영삼 정부

해설 및 정답

[해설] 노태우 정권은 1982년 체육부 신설, 프로야구 출범 1983년 프로축구, 프로씨름이 출범하였다.

그리고 1986년 서울아시아경기대회가개최되었다.

[정답] ②

1961.05.~1979.10.[박정희 정권]

ⅰ) 체력은 국력 슬로건 채택

ⅱ) 국민재건체조

ⅲ) 국민체육진흥법 공포

ⅳ) 체육의 날 제정

ⅴ) 태릉선수촌 건립

1980.09.~1988.02.[전두환 정권]

ⅰ) 체육부 신설

ⅱ) 국군 체육부대 창설

ⅲ) 서울아시아경기대회 개최와 서울올림픽경기대회 유치 및 준비

ⅳ) 프로야구(82), 프로축구(83), 프로씨름(83) 출범

1988.02.~1993.02.[노태우 정권]

ⅰ) 서울올림픽경기대회 개최

ⅱ) 국민 생활 체육 진흥 종합 계획(호돌이 계획) 수립

ⅲ) 국민생활체육회(구. 국민생활체육협의회) 창설

ⅳ) 국민체육진흥공단 설립

ⅴ) 1991년 지바 세계 탁구 선수권 대회(여자단체전 우승)와 1991년 포르투갈 세계 청소년 축구 선수권 대회(8강 진출)에서 분단 이후 최초의 남북 단일팀 출전

해설 및 정답

[해설] 경성운동장은 1925년에 건립된 근대식 운동장이다. 축구장, 야구장, 정구장, 수영장 등이 있었다. 1945년 광복 이후 서울운동장으로 명칭을 변경하였다. 서울아시안게임·서울올림픽대회의 주경기장으로 쓰일 잠실운동장이 완공되자 동대문운동장으로 명칭을 변경하였다.

[정답] ①

20 [2020. 2급]

[보기]의 ⓐ, ⓑ에 들어갈 알맞은 국제대회의 명칭은?

> • 1988년 개최된 [ⓐ]의 마스코트는 호돌이이다.
> • 2018년 개최된 [ⓑ]의 마스코트는 수호랑과 반
> 다비이다.

	ⓐ	ⓑ
①	서울올림픽대회	서울아시아대회
②	서울아시아대회	부산아시아대회
③	서울올림픽대회	평창올림픽대회
④	부산아시아대회	평창올림픽대회

[해설] 1988년 개최된 서울올림픽경기대회의 마스코트는 호돌
이이다. 2018년 개최된 평창올림픽경기대회의 마스코트는 수호
랑과 반다비이다.
[정답] ③

2019년

2급 스포츠지도사
한국체육사
기출문제해설

01 [2019. 2급]

체육사 연구에서 사료(史料)에 대한 설명으로 옳지 않은 것은?

① 유물, 유적 등의 유산은 물적사료이다.

② 공문서, 사문서, 출판물 등은 문헌사료이다.

③ 과거의 기억에 대한 증언 등은 구술사료이다.

④ 각종 트로피, 우승기, 메달, 경기복장 등은 구전사료이다.

02 [2019. 2급]

[보기]의 ⓐ, ⓑ에 들어갈 알맞은 용어는?

> 선사시대에는 애미니즘(만유정령설)에 대한 믿음을 바탕으로 놀이와 신체활동이 포함된 제천의식을 시행하였다. 부족국가와 삼국시대의 제천의식으로는 부여의 영고, 동예의 무천, 고구려의 [ⓐ], 신라의 [ⓑ]이/가 있었다.

	ⓐ	ⓑ
①	가배	동맹
②	동맹	10월제
③	동맹	가배
④	가배	10월제

[해설] 사료는 과거가 남긴 흔적이다. 즉 유물, 유적, 기록 등이 사료이다.

사료의 전통적 분류 방식은 물적사료와 기록사료로 분류된다.

물적사료	유물·유적·유골
기록사료	고문서·석판·민요·시가

다시 기록사료는 문헌사료와 구전사료로 분류된다.

문헌사료	석판·고문서·문서·회고록
구전사료	민요·전설·시가·회고담

따라서 각종 트로피, 우승기, 메달, 경기복장 등은 구전사료가 아니라 물적사료에 해당된다.

[정답] ④

[해설] 제천의식으로는 부여의 영고, 동예의 무천, 고구려의 동맹, 신라의 가배가 있었다.

[정답] ③

03 [2019. 2급]

삼국시대 민속놀이에 대한 설명으로 옳은 것은?

① 윷놀이는 두 사람이 맞잡고 힘을 겨루는 경기이다.
② 장기는 나무 막대로 만든 주사위를 던져서 승부를 겨루는 놀이이다.
③ 마상재는 화살 같은 막대기를 일정한 거리에서 항아리나 병 안에 넣는 놀이이다.
④ 방응은 사나운 매를 길러 꿩이나 새를 사냥하는 일종의 수렵활동이다.

04 [2019. 2급]

[보기]에서 설명하는 고려시대의 민속놀이는?

> • 단오절 행사에 여성들의 놀이로 인기가 있었다.
> • 두 줄을 붙잡고 온몸을 흔들고 발의 탄력을 이용해 온몸을 마음껏 날려 보내는 놀이이다.

① 저포
② 축국
③ 추천
④ 풍연

[해설] 두 사람이 맞잡고 힘을 겨루는 경기는 씨름이다. 나무 막대로 만든 주사위를 던져서 승부를 겨루는 놀이는 윷놀이이다. 화살 같은 막대기를 일정한 거리에서 항아리나 병 안에 넣는 놀이는 투호를 말한다.
[정답] ④

[해설] 추천은 그네놀이, 그네뛰기놀이로 단오절이나 한가위에 즐겼다.
저포는 오늘날 윷놀이를 말하며, 축국은 오늘날 축구 그리고 연날리기는 풍연 혹은 지연이라고 불리었다.
[정답] ③

05 [2019. 2급]

[보기]에서 설명하는 조선시대의 무예는?

> • 무과 시험 과목의 하나였다.
> • 각 사정을 대표하는 궁수 5인 이상이 편을 나누어 활을 쏘는 단체경기였다.

① 편사
② 기창
③ 기사
④ 본국검

06 [2019. 2급]

[보기]에서 설명하는 고려시대의 무예는?

> • 무인집권시대에 인재 선발의 중요한 수단이었다.
> • 맨손으로 치기, 주먹지르기 등의 기술을 사용하는 일종의 격투기였다.

① 궁술
② 각저
③ 수박
④ 격구

해설 및 정답

[해설] 활쏘기에서 경기적 대회를 편사(便射)라고 한다. 편사는 5인 이상으로 조직된 여러 개 단체나 또는 각지의 궁수가 자기 활터인 사정을 대표하여 서로 승부를 결정하는 것이다.

[정답] ①

추가해설) 기창(騎槍)은 조선 시대에 무과 과목의 하나로 말을 타고 창술을 펼치는 무예를 의미한다. 기창은 말을 타고 창술을 행하는 무예라고 해서 마창이라고도 했다.
기사(騎射)는 말을 타고 달리면서 활을 쏘는 마상무예로 무과 과목의 하나였다.
본국검(本國劍)은 신라시대 화랑도들을 중심으로 무술을 연마하기 위하여 사용한 우리 고유의 검술로 신라검 또는 신검이라고 한다.

해설 및 정답

[해설] 수박희는 맨손으로 상대방을 때리며 상대방의 공격을 막는 무예·무술·민속놀이이다.
수박희는 여러 고구려 무덤의 벽화들에는 수박희를 하는 장면이 그려져 있다.
고려시대에는 자주 수박희 경기를 하였으며 우수한 자를 군인이나 지휘관으로 선발하고 상도 주었으며 수박에 능한 자들에게 군사 직위를 높여 주기도 하였다.
이러한 수박희는 무신 반란의 주요 원인 중 하나였다.

[정답] ③

[보기]의 괄호 안에 들어갈 알맞은 용어는?

정조(1752~1800)는 문무겸비를 강조한 왕으로서 문과 무를 양립시키는 것이 국가를 부강하게 하는 계책이라고 여겼다. 그는 규장각의 이덕무, 박제가와 장용영의 백동수를 통해 [   ]을/를 편찬케 하였다. 이 책은 조선시대를 대표하는 병서이자 무예교범서였다.

① 무예도보통지

② 무예신보

③ 무예제보

④ 임원경제지

[해설] 무예도보통지는 조선시대 군용 무술 교본으로 무예에 대한 그림과 해설(도보) 종합서적(통지)을 말한다. 무예도보통지는 이덕무, 박제가, 백동수 등이 정조의 명을 받고 편찬하였다. 무예도보통지는 모두 24가지 무예를 4권으로 나누어 다루고 있으며, 무예만 있는 것이 아니라 무기 만드는 법, 무기의 형상 비교와 무기의 규격 등이 기록되어 있다. 한국 중국 일본의 관련 문헌 145권이 참조되었다.

임원경제지는 조선 후기 농촌경제 정책서이다.

[정답] ①

추가해설) 임진왜란의 영향으로 조선은 체계적인 병사 훈련의 필요성이 제기되었고 명나라의 병서인 기효신서가 보급되었다.

조선 선조는 임진왜란 중 일본을 이기려는 목적에서 무예 실기서의 편찬을 명하였다. 훈련도감 낭관인 한교가 왕명을 받아 기효신서를 비롯한 여러 무예지를 바탕으로 무예제보를 간행하였다. 이러한 무예제보는 현재 우리나라에 현존하고 있는 가장 오래된 무예서이다.

이후 선조의 명에 따라 무예제보에 수록되지 않은 무예를 수록한 권보가 간행되었다. 선조 이후 광해군 때에는 무예제보에서 누락된 대권, 언월도, 협도곤, 왜검 4가지 무예를 새로이 보완한 무예제보번역속집이 간행되었다.

영조 때 무예신보를 간행하였다. 무예신보는 사도세자의 주도하에 18기의 무예가 수록되었다.

무예도보통지는 이덕무, 박제가, 백동수 등이 정조의 명을 받고 편찬하였다. 무예도보통지는 조선시대 군용 무술 교본으로 무예에 대한 그림과 해설(도보) 종합서적(통지)을 말한다. 무예도보통지는 한국·중국·일본의 관련 문헌 145권이 참조하여 무예도보통지에서는 모두 24가지 무예를 4권으로 나누어 다루고 있으며, 무예만 있는 것이 아니라 무기 만드는 법, 무기의 형상 비교와 무기의 규격 등이 기록되어 있다.

08 [2019. 2급]

[보기]에서 설명하는 단체의 활동으로 옳은 것은?

> • 1903년 황성기독교청년회라는 이름으로 창설된
>   단체이다.
> • 외국인 선교사를 주축으로 근대 스포츠를 도입,
>   보급하여 한국 근대 스포츠 발전에 많은 영향을
>   미쳤다.
> • 1910년 한일병합 이후에도 스포츠 보급 활동에
>   기여하였다.

① 첫 사업으로 제1회 전조선야구대회를 개최하였다.

② 1916년 우리나라 최초의 체육관을 개관하여 스포
   츠 활동의 활기를 도모했다.

③ 조선에서 최초의 종합경기대회라고 할 수 있는 조
   선신궁경기대회를 개최했다.

④ 우리나라 근대체육의 선구자였던 노백린이 병식
   체조 중심의 체육을 비판하며 설립한 단체이다.

09 [2019. 2급]

개화기 교육입국조서가 반포된 이후의 체육사적 사실
이 아닌 것은?

① 한국 YMCA가 설립되어 서구 스포츠가 본격적으
   로 도입되었다.

② 한국 최초의 운동회가 화류회라는 이름으로 개최
   되었다.

③ 우리나라 최초의 근대적인 체육단체인 대한체육
   구락부가 결성되었다.

④ 언더우드 학당이 설립되어 체조가 정식교과목에
   편성되었다.

[해설] 보기에서 설명하는 단체는 황성기독교청년회운동부이다.
1916년에 황성기독교청년회운동부는 서울YMCA에 우리나라 최
초의 실내 체육관을 설립하였다.
조선체육회 주최로 제1회 전조선야구대회가 개최되었다.
조선체육협회가 주최하는 종합경기대회가 조선신궁경기대회였
다. 일제의 조선 침탈을 상징하는 사물 가운데 하나인 조선신궁
이 1925년 9월 남산에 세워졌다. 때맞춰 준공된 경성운동장에서
그해 10월 제1회 조선신궁경기대회가 열렸다.
노백린은 1907년 당시 병식체조 중심의 체육을 비판하며 대한
국민체육회를 설립했다.
[정답] ②

[해설] 고종은 1895년에 교육입국조서를 반포하고 덕양, 체양,
지양 즉 삼양을 강조하였다.
언더우드 학당은 1886년에 고종의 윤허를 얻어 고아원에서 숙
식 이외에 교육까지 제공하는 언더우드 학당을 정식으로 설립했
다. 이후 1905년에 경신학당으로 변경하였다.
1895년 교육입국조서가 반포된 이후인 1896년에 최초의 운동
회인 화류회가 개최되었다.
한국 YMCA는 1903년 황성기독교청년회로 창립이 되었으며 이
후 1906년에 황성기독교청년회운동부가 설립되었다.
우리나라 최초의 근대적인 체육단체인 대한체육구락부는 1906
년에 설립되었다.
[정답] ④

10 [2019. 2급]

개화기에 발생한 체육사적 사실이 아닌 것은?

① 관서체육회가 결성되어 전조선빙상대회가 개최되었다.

② 최초의 근대학교인 원산학사에서는 무사 양성을 위한 무예반을 개설하였다.

③ 선교사들이 미션 스쿨을 설립하고, 서구의 체조 및 근대 스포츠를 도입하였다.

④ 한국 최초의 여성교육기관인 이화학당이 설립되고, 정규수업에 체조 수업을 실시하였다.

11 [2019. 2급]

[보기]의 ⓐ ~ ⓓ를 연대순으로 바르게 연결한 것은?

> ⓐ 태권도가 하계올림픽경기대회에서 정식 종목으로 채택되었다.
> ⓑ 손기정은 하계올림픽경기대회 마라톤 종목에서 금메달을 획득했다.
> ⓒ 한국은 하계 올림픽경기대회에 KOREA 라는 정식 국호를 달고 최초로 참가했다.
> ⓓ 양정모는 하계올림픽경기대회 레슬링 종목에서 한국 선수 최초로 금메달을 획득했다.

① ⓓ - ⓐ - ⓑ - ⓒ

② ⓑ - ⓒ - ⓐ - ⓓ

③ ⓑ - ⓒ - ⓓ - ⓐ

④ ⓒ - ⓑ - ⓐ - ⓓ

해설 및 정답

[해설] 1925년 평양의 체육인사들이 평양기독청년회관에서 정세윤을 회장으로 하여 관서체육회를 만들었다. 관서체육회는 지방 체육단체를 넘어서 서울의 조선체육회와 함께 양대 체육단체로서 큰 기능을 하였다.

관서체육회는 전조선빙상·씨름·수상·탁구대회를 개최하였으며 서조선야구대회·평양농구연맹전을 개최하기도 하였다. 또한 덴마크의 보건체조를 보급시키는 동명체조단을 조직하기도 하였다.

따라서 1925년에 설립된 관서체육회는 개화기가 아닌 일제강점기에 설립된 체육단체이다.

[정답] ①

해설 및 정답

[해설] 손기정은 [ⓑ1936년 베를린]하계올림픽경기대회 마라톤 종목에서 금메달을 획득했다.

광복 이후 한국은 [ⓒ1948년 런던] 하계올림픽경기대회에 KOREA라는 정식 국호를 달고 최초로 참가했다.

양정모는 [ⓓ1976년 몬트리올] 하계올림픽경기대회 레슬링 종목에서 한국 선수 최초로 금메달을 획득했다.

1988년 서울올림픽과 1992년 바르셀로나올림픽에서 시범 종목이었던 태권도는 [ⓐ1994년] 파리에서 열린 IOC 총회에서 2000년 시드니올림픽 정식 종목으로 채택되었다.

[정답] ③

12 [2019. 2급]

개화기 배재학당에 대한 설명으로 옳은 것은?

① 스크랜턴에 의해 설립된 학교로 정기적으로 체조
수업을 실시했다.

② 알렌에 의해 설립된 학교로 건강 및 보건을 위한
활동을 실시했다.

③ 아펜젤러가 설립한 학교로 서구 스포츠가 과외활
동을 통해 보급되었다.

④ 조선정부가 영어교육을 위해서 세운 학교로 다양
한 서구 근대 스포츠 문화를 소개했다.

[해설] 배재학당은 1885년 미국인 선교사 아펜젤러가 설립한 한국 최초의 근대식 중등사립학교이다.

배재는 인재를 기른다는 뜻이며 졸업생으로 안창호, 이승만, 주시경, 지청천 등의 졸업생을 배출했다.

배재학당에서는 과외활동으로 야구, 축구, 농구 등의 스포츠를 실시하였다.

한국에서 근대적 체조가 시작된 것은 배재학당에서 미국인 선교사 헐버트(Hulbert)에 의해서였다. 헐버트는 1897년 배재학당에서 도수체조를 가르치기 시작했으며, 체조시간이면 철봉을 하는 법을 지도했다.

[정답] ③

추가해설) 이화학당(1886)은 메리 스크랜턴에 의해 설립된 한국 최초의 여성학교로 이화학당의 14개 교과 과정에 체조가 있었다.

알렌에 의해 설립된 학교는 제중원이다. 제중원은 1885년 알렌이 설립한 우리나라 최초의 서양식 병원이자 학교였다. 1885년 4월 10일 개원한 최초의 서양식 황립 병원으로 설립 당시에는 광혜원이었다. 개원 13일만인 4월 23일 고종은 대중(백성)을 구제한다는 뜻의 제중원이란 이름을 하사하여, 광혜원의 이름이 제중원으로 바뀌게 되었다.

조선 정부가 영어교육을 위해서 세운 학교는 육영공원이다. 육영공원의 교사로 파견된 호머 헐버트는 조선에 다양한 서구 근대 스포츠 문화를 소개했다.

13 [2019. 2급]

조선체육회에 대한 설명으로 옳지 않은 것은?

① 경성일보사의 적극적 후원으로 설립되었다.

② 조선의 체육을 지도, 장려하는 것을 목적으로 설립된 단체였다.

③ 민족주의 사상을 토대로 일본체육단체에 대응하기 위해 창립되었다.

④ 운동경기에 관한 연구 활동뿐만 아니라 스포츠 보급의 일환으로 운동구점을 설치하고 운영했다.

[해설] 조선체육협회가 일본인이 경영하고 일본어로 발행하는 경성신문사의 후원을 받았다면 조선체육회는 1920년 4월 1일 민족지를 표방하고 창간한 동아일보의 적극적인 후원을 받았다.

[정답] ①

14 [2019. 2급]

[보기]에서 설명하는 정부가 시행한 체육정책에 해당하지 않은 것은?

> 이 정부는 체력은 국력이란 슬로건을 채택했으며, 국민재건체조를 제정하고 대한체육회의 예산을 정부가 지원하기로 결정했다. 그 외 국민체육진흥법 공포(1961), 체육진흥법 시행령 공포(1963), 체육의 날 제정(1962), 매월 마지막 주의 '체육주간' 제정 등과 같은 조치가 이루어졌다.

① 태릉선수촌의 건립
② 국군 체육부대의 창설
③ 우수선수 병역면제 시행
④ 메달리스트 체육연금제도

15 [2019. 2급]

[보기]에서 설명하는 체육단체는?

> • 제24회 서울올림픽대회를 기념하여 1989년 공익법인으로 설립되었다.
> • 체육지도자 국가자격시험을 전담하고 있다.
> • 경정, 경륜, 스포츠토토 등의 기금조성사업을 하고 있다.

① 대한체육회
② 문화체육관광부
③ 대한장애인체육회
④ 국민체육진흥공단

[해설]

1961.05.~1979.10. [박정희 정권]

ⅰ) 체력은 국력 슬로건 채택
ⅱ) 국민재건체조
ⅲ) 국민체육진흥법 공포
ⅳ) 체육의 날 제정
ⅴ) 태릉선수촌 건립
ⅵ) 체육연금제도 · 우수선수병역면제

1980.09. ~1988.02. [전두환 정권]

ⅰ) 체육부 신설(1982)
ⅱ) 국군 체육부대 창설
ⅲ) 서울아시아경기대회 개최와 서울올림픽경기대회 유치 및 준비
ⅳ) 프로야구(82), 프로축구(83), 프로씨름(83) 출범
[정답] ②

[해설] 국민체육진흥공단은 제24회 서울올림픽대회를 기념하여 1989년 공익법인으로 설립되었다. 대한민국 체육재정의 90% 이상을 담당하고 국민체력 100과 같은 프로그램 보급, 체육지도자 및 체육인재 양성, 경정, 경륜, 스포츠토토 등의 기금조성사업을 하고 있다.
[정답] ④

16 [2019. 2급]

[보기]에서 설명하는 인물은?

> • 1903년 황성기독교청년회 초대 총무를 역임하
>   였다.
> • 우리나라에 최초로 야구와 농구를 소개하였다.
> • 개화기 YMCA를 통해서 우리나라 근대 스포츠의
>   발달에 큰 역할을 담당했다.

① 푸트(L. M. Foote)

② 반하트(B. P. Barnhart)

③ 허치슨(W. D. Hutchinson)

④ 질레트(P. L. Gillett)

[해설] 질레트는 1903년 황성기독교청년회 초대 총무를 역임하
였으며 우리나라에 최초로 야구와 농구를 소개하였다.

[정답] ④

17 [2019. 2급]

조선시대에 남성들이 양편으로 나누어 서로 마주 보고
돌을 던지던 민속놀이는?

① 사희(柶戲)

② 석전(石戰)

③ 추천(鞦韆)

④ 삭전(索戰)

[해설] 석전은 단오절이나 명절에 사람들이 두 편으로 나뉘어 서
로 돌팔매질을 하여 승부를 겨루던 돌던지기 놀이이다. 이러한
석전은 편전, 편쌈이라고도 하였다.
석전은 삼국시대부터 시작되어 고려와 조선 초기에는 더욱 성행
하였다. 석전은 전쟁에 대비하는 전투적 놀이, 전쟁 실전 연습의
무예활동이었다.
석투군, 척석군 등 석전 전문 군대가 있었다. 양반 또는 대중에게
볼거리를 제공하는 관람스포츠의 형태를 지니기도 했다.

[정답] ②

18 [2019. 2급]

우리나라가 대한민국 국호를 걸고 최초로 참가한 동계
올림픽대회는?

① 1948년 생모리츠올림픽경기대회
② 1992년 알베르빌올림픽경기대회
③ 2002년 솔트레이크시티올림픽경기대회
④ 2018년 평창올림픽경기대회

19 [2019. 2급]

[보기]에서 설명하는 올림픽대회는?

> • 분단 후 남한과 북한의 선수가 최초로 동시에 입
>   장한 대회였다.
> • 남한과 북한의 대표선수단은 KOREA라는 표지
>   판과 한반도기를 앞세우고 함께 입장하여 세계
>   인의 박수를 받았다.
> • 태권도가 올림픽 정식 종목으로 시행되었다.

① 1996년 애틀란타올림픽경기대회
② 2000년 시드니올림픽경기대회
③ 2004년 아테네올림픽경기대회
④ 2008년 베이징올림픽경기대회

[해설] 스위스 생모리츠 동계올림픽은 1948년 1월에 열려 한국
이 광복 후 처음 출전한 국제대회이다. 한국은 'KOREA'라는 이
름과 태극기를 내건 첫 국제대회이다. 이 대회에는 독일과 일본
은 출전하지 못하였다. 대한민국은 스피드스케이팅 단 1개 종목
에 이종국·이효창·문동성 3명이 참가하였는데 대회 도중 문동
성 선수가 노르웨이 선수와 부딪혀 부상을 입어 최용진 감독이
선수로 출전을 하여 참가하였다.
[정답] ①

[해설] 2000년 시드니올림픽은 개회식에서 남북한이 최초로 동
시 입장한 최초 대회였으며 태권도가 정식종목으로 시행되었다.
[정답] ②

20 [2019. 2급]

[보기]에서 설명하는 장소는?

> • 대한체육회가 1966년 우수선수의 육성을 위해 건립했다.
> • 스포츠를 통한 국위선양 및 국민통합 실현의 목적이 있다.
> • 국가대표선수들을 과학적으로 육성하는 기반이 되었다.

① 장충체육관
② 태릉선수촌
③ 동대문운동장
④ 효창운동장

[해설] 1966년 6월 지도자 및 국가대표선수의 강화훈련을 위하여 대한체육회가 설립한 선수합숙훈련장으로 경기종목의 국가대표 및 예비 국가대표선수들을 수시로 입소시켜 합숙훈련을 가짐으로써 팀워크를 재정비하고, 전력의 집중적인 향상을 도모하기 위한 종합운동시설과 숙박시설 등을 갖추고 있다.

[정답] ②

참고문헌

김달우(1992), 해방 이후 학교체육의 재편 및 정착 과정에 관한 연구, 서울대학교 대학원 박사학위 논문

안희숙(1992), 한국 근대 체육사상에 관한 연구, 한국교원대학교 대학원 석사학위 논문

이성진(1990), 체육사, 교학연구사

이진수(1990), 신라화랑의 체육사상 연구, 서울: 보경문화사

이학래(2003), 한국체육사연구, 국학자료원

임영무(1987), 한국체육사상사연구, 연세대학교 대학원 박사학위 논문

정삼현 외(1998), 체육사신론, 동아대학교출판부

진윤수,안진규 외1명(2008), 조선시대 체육사상, 충남: 충남대학교 출판부

최종삼, 손수범(2007), 스포츠 체육학 개론, 서울 : 보경문화사

최종삼, 손수범(2011), 스포츠 체육사의 이해, 서울: 21세기 교육사

하남길 외 36인 공저(2016), 체육과 스포츠의 역사 : 체육사 강의 편람, 경남; 경상대학교 출판부

기타

국민체육진흥공단 https://sqms.kspo.or.kr/index.kspo

우리역사넷 https://contents.history.go.kr/front

한국사총설DB https://db.history.go.kr/

저자소개

김도영

용인대학교 경호학 박사

장안대학교 군사학과 겸임교수

타이혼스포츠 아카데미 대표

대한민국킥복싱연맹 부회장

정정균

대전대학교 국방정책·전략 박사

장안대학교 군사학과 겸임교수

감수위원

김한진

대전과학기술대 경호경찰학과 겸임교수

용인대 미래인재교육원 경호비서학과 겸임교수

신상현

용인대학교 미래인재교육원 겸임교수

엄승철

충청대학교 항공보안학과 외래교수

이익호

신안산대학교 스포츠지도학과 겸임교수